读客®文化

5%职场精英的工作习惯

［日］越川慎司　著
胡伟静　译

北京日报出版社

图书在版编目（CIP）数据

5% 职场精英的工作习惯 /（日）越川慎司著；胡伟静译. -- 北京：北京日报出版社，2022.1

ISBN 978-7-5477-4027-9

Ⅰ. ①5… Ⅱ. ①越… ②胡… Ⅲ. ①工作方法－通俗读物 Ⅳ. ①B026-49

中国版本图书馆 CIP 数据核字 (2021) 第 216775 号

AI分析でわかったトップ5%社員の習慣
AI BUNSEKIDEWAKATTA TOP5%SHAIN NO SYUKAN
Copyright © 2020 by Shinji Koshikawa
Original Japanese edition published by Discover 21, Inc., Tokyo, Japan
Simplified Chinese edition published by arrangement with Discover 21, Inc.

中文版权：© 2021 读客文化股份有限公司
经授权，读客文化股份有限公司拥有本书的中文（简体）版权
图字：01-2021-6266号

5% 职场精英的工作习惯

作　　者：［日］越川慎司
译　　者：胡伟静
责任编辑：曲　申
特邀编辑：贾育楠
封面设计：吴　琪
出版发行：北京日报出版社
地　　址：北京市东城区东单三条8-16号东方广场东配楼四层
邮　　编：100005
电　　话：发行部：（010）65255876
　　　　　总编室：（010）65252135
印　　刷：三河市龙大印装有限公司
经　　销：各地新华书店
版　　次：2022年1月第1版
　　　　　2022年1月第1次印刷
开　　本：890毫米×1270毫米　1/32
印　　张：7
字　　数：145千字
定　　价：49.00元

版权所有，侵权必究，未经许可，不得转载
凡印刷、装订错误，可调换，联系电话：010-87681002

前　言

改变工作方法，目的既不是减少加班时间，也不是消化带薪假期，而是在有限的时间内取得更大成果，得到更多报酬，收获更多幸福。

曾经按部就班、老老实实完成工作任务的人往往会得到赞许，并且赞许只来自直属上司。结果，员工评价取决于能否讨得上司喜欢，这种情况比比皆是。

举一个极端的例子，上司要是说“去给我买个甜瓜”，即便是在半夜，也会打出租车去买，这样的老实人往往会得到好评。

因此，大多数情况下，那些懂得讨好上司、善于阿谀奉承的人，那些对上司温和、对下属严厉的中间管理层，那些和蔼可亲、从来不会说“不”的人，那些对公司内部政务了如指掌的人，往往会得到好评。

但问题是，这些得到好评的“优秀人才”，却不具备与其他公司打交道的能力。

在消费者喜好不断变化、科技手段快速迭代发展的过程中，赢利方法在变，与此相适应的评价制度也在变。以前，直属上司评价就是绝对评价；现在，除了上司评价以外，员工还要接受管理层360度评价。

所以，只靠讨好上司来安身立命已经变得困难，还必须接受同事或其他部门相关工作者的共同评价，这样的评价体系才称得上公平。

另外，随着试用期和人才管理制度的普及，员工需要完成的阶段性目标增多，只靠上司的宠爱不能持久。

由我担任责任代表的 Cross River 公司，迄今为止已经帮助 605 家公司进行了工作方法改革。在这个过程中，我们还对各公司人事评价“排名前 5%”的员工展开了调查，分析他们的工作方法。

我们认为，这些取得显著成果的精英员工，在他们所践行的卓越的工作方法中，应该有复制率较高的原则，也有可以一般化的要素。

在 25 家客户公司的共同协作下，我们对 5% 的精英员工和另外 95% 的普通员工做了研究分析。样本人数加上约 9000 名普通员工，共计 1.8 万人。

在各公司的大力协助下，我们对精英员工的工作方法进行了彻底调查。

我们请求作为研究对象的精英员工仍照常工作，通过在办公桌上设置定点摄像头、录音笔、传感器，或者通过云服务、面对面倾听等，记录他们的日常工作言行。

除此之外，还有并不针对个人的数据收集形式，比如分析邮件内容、收集谈话或网上会议记录等。

通过 AI（人工智能）和专家分析这些数据，最终总结出精英员工的共同点，以及他们和 95% 的普通员工的区别。

也有人提出异议，认为“每个人的环境、条件各不相同，所谓的原则并不具有普遍意义”。

但事实上，这些在调查基础上总结出来的成功原则，后来还在 29 家公司做了实证测验，即便应用在精英员工之外的其他普通员工身上，也收到了同样的效果。当然，也存在效果不好的失败案例，但更多的还是成功案例，这些在这本书中都会有所介绍。

从这些实证测验中，我们可以看出，成功或失败，在精英员工的身上并不是非此即彼，而是经历失败后最终走向成功——从失败中总结经验教训，重新调整行动方案，最终取得成功。也就是说，不要一直为如何选择而苦恼，控制风险的同时要多多行动起来，这样才更容易走向成功。在激烈变化中生存，停滞不前本身就是风险。

取得突出成果的精英员工，往往容易被大家看作“能人”而予以特殊对待。但我想说，他们掌握的技能，别人同样可以应用。如此这般，精英员工的成果也会变成别人的成果、大家的成果，从而进一步得到扩展。

总之，“一旦掌握了简单的行动和思考原则，就有足够的可能让成功不断复制”。

所以，精英员工即便调到其他部门，也同样可以做出成果。甚至两个部门业务完全不搭边，也是如此。

在公司受到好评的员工，有权利按照自己的意愿自由选择。因为他能够从公司或上司那里获得更多的自由和责任。例如，在同一部门晋升，或是调到其他部门挑战新业务，或是晋升后做自己感兴趣的工作……这些员工更容易获得更大的选择空间。

一旦有多个选择，你就可以结合自己想做的事和能做的事，在这个基础上自由选择。

“领导让做的，没办法。”这种勉强工作的情况就会减少，我们也就可以从痛苦的工蚁模式中解脱出来。

请把精英员工简单的行动和思考方法与自己的对照一下。如果一样，便可安下心来；如果不一样，就要加强学习。

在对照过程中，要取长补短，行动起来。如果你迈出了改变自我的步伐，不要忘了回顾总结。进展顺利当然更好，一旦此路不通也可以及时止步。这样，把通过内省悟到的道理应用到行动当中，你就会离成功越来越近。

本书介绍的成功模式，并不会像变魔术一样“啪”的一下快速出成果。而是给大家提供一些实验素材，让大家在减少损失的同时，朝着成功迈进。

不要读完就了事，一定要试着让自己行动起来。只要有“啊，出乎意外的好”这种感觉，就是你思维转变的证据。

这样循环往复改善行动，应对变化，就能使生命之树常青，保持活力，永不“生锈”。

只需参照 5% 的精英员工的思维方式和行动方法，你就能在短时间内持续取得成果。

越川慎司

2020 年 9 月

目　录

序　章

第一章

第二章

第三章

第四章

第五章

序章

取得优异工作成果的五大原则

原则 1

98% 的精英员工
专注于目标

重视结果胜于过程

我们对 5% 的精英员工做了调查或录音收集，然后用 4 家公司的 AI 服务进行分析。结果发现他们使用的高频词是“结果”“目标”。另外，常用词还有“完成”“做成”“认可”等动词。这些词的使用频率比 95% 的普通员工高出了 3 倍之多。

调查显示，比起始末经过，精英员工更重视结果。这些取得了突出成果的员工并不评估工作过程。虽然他们也通过步骤、要点确认进度，但并不会满足于中途取得的阶段性成果，而是把它作为达成目标的手段。

在着手重要项目时，大家兢兢业业，齐心协力，整个进展状况仿佛已经做到了万无一失，但最后项目仍以失败告终，从他们的反应中就能看出区别。约 70% 的普通员工会认为“虽然失败了，但也算尽力了，大家彼此合作，这就够了”。但精英员工却不这么认为。他们会想：“大家确实都很努力，本来是有十足把握的，但还是失败了，究竟是哪个地方出了差错？”当然，他们也重视过程，却从不会以此作为逃脱责任的借口，也不会把失败当成终点，而是把它作为查找失败原因的机会，并在下次行动中改正。

珍惜时间

精英员工格外懂得珍惜时间。他们看表的次数比普通员工多出 1.7 倍，在会议上提醒大家时间的次数也是普通员工的 2.3 倍。可以说，精英员工从心底理解每分每秒的重要性。员工的报酬（月工资、年薪等）是以时间轴为基准的，单位时间里做了多少业务、有多少产出，这些决定了员工的生产能力。因此，对于精英员工来说，一分一秒都不能浪费。

不过，不浪费一分一秒并不意味着他们只知道赶路。精英员工清楚地知道，不适当休息，就不会把工作做好。所以，珍惜时间、在“工作状态”和“休息状态”高效切换，是他们和普通员工的明显区别。

自我设定目标，并尽力完成

精英员工的另一个特征是，他们更有进取心。

比如销售工作，上司会设定销售目标。普通员工会努力完成上司设定的目标，而精英员工则会在这个目标上再自行设定更高目标，并努力超越自我。单单是完成上司设定的目标就已经殚精竭虑，有不少普通员工甚至不能完成目标，而精英员工却为完成更高的目标而加倍努力。

目标，只有完成了，才会有意义

精英员工清楚地知道这一点。因此，简单设定的目标，并不能满足他们。

自行设定一个踮起脚尖能勉强够到的高水平目标，然后尽自己最大努力去完成，这才是精英员工。

看重成就感

为了达到这一目的，精英员工自己设定目标，并通过最快捷的途径完成。

与此相对的是，很多普通员工没有明确目标。他们并不关心自己正和目标渐行渐远，只一味沉浸在工作过程带来的充实感中。你重视的是成就感还是充实感，决定了公司或上司对你的评价。不用说，当然是完成预定目标的员工会获得赞赏。仅凭结束了一天工作后得来的充实感，无论如何也得不到上司的褒奖。埋头工作的你可能并没有留意到自己已经偏离目标很远，只一味满足于赶路本身。

如果朝着目标方向前进倒也还好，要是朝着相反方向一路狂奔，后果更是不堪设想。比如登山，只有决定了要爬哪座山头，才可以合理安排路线，根据自己的体力适当休息。如果还没定下要爬的山头就直接迈步，就有可能走错方向，甚至迷路。重要的是“朝着什么方向推进工作”，这是精英员工的经验。

工作看的是质，而非量

2019 年 4 月实施工作改革法后，日本有史以来第一次规定了工作时间的上限。对于必须控制加班的领导或公司来说，员工工作到勉强赶上末班车，嘴里还咕哝着“不想加班”，或者，对赶末班车的辛苦大肆渲染，本身已经成了件麻烦事。

这不仅关系到上司，也关系到你本人是否把对方作为主体来看待问题。以自我为中心的人，会认为只要自己满意，就可以沉浸在工作的充实感中随意长时间加班。但是，如果你想要得到对方信任，获得“自由和责任”的自主工作权，聪明的做法是，发挥自己最大潜力来思考如何获得对方认可。

为了落实远程办公体系，采用弹性工时，主要考核工作成果的公司越来越多。我们进入了一个更看重劳动成果而非工作时长的时代。

和以前不同，让顾客乐意掏腰包的不是生产量，而是价值。这和销售额、利益、员工报酬直接挂钩，所以我们的目标不是量，而应该是质。虽然只用了 1 页资料，却足以打动对方，这比费尽心思制作 50 页 PPT 更重要，更受赏识。

在这次调查中，普通员工做的资料页数普遍比精英员工多了 32%。为了掩饰资料内容的单薄，大多数人会选择增加页数。而精英员工制作资料的时间比普通员工少了 20%。资料页数少，每页 PPT 里记载的文字也少。他们的目的是“传达”本身，而不是把所有能“传达”的内容和盘托出。他们把需要让对方了然于心的内容反复锤炼，以视觉形式呈现在资料中，真正做到了“传达”给对方。

也就是说，精英员工擅长的并不是制作 PPT，而是把资料中的内容用故事的形式呈现出来。怎样才能说服对方，怎样才能引起共鸣，怎样才能让对方按自己的预期行动起来……这些战略他们平时就有手头记录，最后只需要快速制成简单的 PPT 展现出来即可。

正确理解目标，按照目标行动，并最终达成目标，这就是精英员工的重要特征。

原则 2

87% 的精英员工
懂得示弱

精英员工具备充足的业务知识，想问题、做事情都能考虑周全。更重要的是，他们虽然专业知识丰富，却从不炫耀，也不轻视他人。与此相反，有些人一旦坐到了领导位置，很容易对后辈和下属态度傲慢，这种“半瓶醋”上司喜欢反复念叨自己辉煌的过去。

与此相反，精英员工却不这样，他们谦虚，并且有较强的求知欲。也就是说，精英员工会把自己“还有不懂的业务”“还有需要继续学习的业务”作为前提，从别人身上寻找亮点。

回报定律

精英员工遇到不懂的问题时都会主动提问，而非置之不管。面对难题，真诚学习，尽力获取新知识。如此，他们不仅会取得上司的信任，也会得到下属的仰慕。

另外，如果对方推心置腹，自己也会随之打开心扉。这和心理学上的回报定律有相通之处。受人恩施，就会惦念着一定要投桃报李。在这一定律作用下，如果对方率先自我表露，自己也会分享相同程度的信息。

比如地下商场食品区的试吃，就是利用了回报定律。只是品尝了丁点儿食物，便觉得欠下了人情，好像不买就说不过去似的，不知不觉便一股脑儿买下了。

回报定律同样适用于人际交往。对方真诚沟通，自己也会吐露心声。

例如，想让同事分享工作意义，如果只是单方面询问“你的工作意义是什么”，仅有 12% 的人会做出回答。然而，如果先从故事说起，讲述“自己是什么时候体会到了工作的意义”，在这个基础上，再问对方“你有过这样的体会吗”，那么，78% 的人会说出自己的工作意义。因为这会帮助对方降低心理防备，确保对方心态放松，可以畅所欲言，这样自然就能听到丰富的信息。

精英员工理解这一定律，并试图以此获得对方更多意见和信息。比如，开会时为了降低大家的心理防备，不突然直奔主题，而是通过闲聊确认大家都放松下来后，再开始交换意见。这样，很多创意想法便会不断涌来。

我们曾把 26 家客户公司的会议小组分为“会议前进行 2 分钟闲聊”“会议前不进行闲聊”各 30 组，通过 2 周实践进行了比较验证。结果，插入闲聊的会议小组，不管是发言人数还是发言数量都多出了将近 2 倍。确保大家心态放松的重点，就是刚开始要东拉西扯闲聊一番。一开始便切入较难话题，会加重下一位发言人的防备心理，让整个氛围变得不利于发言。因为一旦安全得不到保障，人人自危，便会普遍认为还是不开口为好，如此一来，发言数量减少，终究还是不能达成会议目的。统计结果还显示，大家各抒己见，充分收集决策判断材料，按时结束会议的可能性也提高了 1.6 倍。

这和“不把自己的价值观强加于人”也有相通之处。

要同三观完全不合的人打交道，就得舍去无用的固有观念和多余的繁文缛节。为此，精英员工会藏巧守拙，绝不锋芒毕露。调查中，让人印象深刻的是，精英员工和人首次建立关系时，都会先聊些轻松话题，缩短了心理距离后，再进一步构建人际关系时，还会率先暴露自己的弱点。

在调查中，精英员工中有 73% 的人对自我示弱持认可态度。而普通员工中对暴露自己的弱点持认可态度的只有 23%。当然，精英员工的弱点可能相对较少，但他们仍然可以不受自尊心的牵绊，在和对方打交道时，对自己无法做到的事或者自身的弱点毫不遮掩。

这是一种心态，同时，也是交际手段中的重要技巧。示弱绝非目的，而是通过示弱这一手段，和对方拉近距离，这才是目的。另外，也是考虑到三观不合的人之间反而会产生新的化学反应，所以，有必要先在这些和自己存在很大差别的人面前适当表露自我。

通过自我表露建立相互信任关系

自我表露是指在没有任何企图的前提下，把有关自己的信息如实告诉对方。除个人信息外，传达自己的“感情”也是一种自我表露方式，不隐藏自己的心情和想法，更容易引起对方的共鸣和理解。

除此以外，还有一个好处：自我表露过程中通过倾吐自身弱点，也可以冷静整理大脑思路。通过闲聊，能够明确自己的想法，梳理大脑信息。精英员工中有些人同样不善言辞、人际交往能力低。他们通过和对方闲谈、自我表露，增进信任关系的同时，也能梳理自身弱点和优点，厘清大脑思路。

自我表露的具体方法

想让谈话气氛热烈起来，有效的做法不是只对自己的事情滔滔不绝说个不停，而是要适当提问。在聊了自己的情况后，对方也会想要分享一下自己的信息。

其中一个交流方法是开放式问题。不是简单回答“Yes”或“No”，而是自由作答。这是一种能够获得对方更多信息和想法的交流技巧。提问时，使用“5W1H”，即When（什么时候）、Where（在哪儿）、Who（谁）、What（什么事情）、Why（为什么）、How（怎样），可以获取对方更多信息。

比如以下提问方法：

× “我喜欢拉面，你喜欢拉面吗？”

√ “我喜欢拉面，你喜欢哪种面？”

精英员工清楚地知道，稀有价值高的信息不是网络，而是连接人与人之间的纽带。他们重视把更多人卷入“纽带”中，进而解决错综复杂的局面。他们只需为对方多着想一点，便可以建立起彼此信任的人脉关系。

原则 3

85% 的精英员工
用实验面对挑战

精英员工会自发采取行动，并最终发现自己可以大展身手的领域。我们并不否认，他们或许天赋异禀，或许运气很好。不过，持续取得优异成果的 5% 的顶尖人才有个共同特征，那就是多多行动。比起普通员工，精英员工通过谈话、聊天打交道的人数明显较多，会议发言次数比普通员工多了 32%，在公司来回走动的距离也比普通员工多了 22%。

另外，考评较差的员工常常把“反正”“不过”挂在嘴边。“不过，我现在太忙了，腾不出手”“反正最后还是失败，这样做有什么意义”……他们害怕失败，故步自封，停止思考，总是会选择逃避新挑战。这样的话，自然不能跟随变化及时调整自己的行动。

任何经历都是学习

精英员工也会经历失败。但是，他们失败时，会反复问自己：“之所以这样，到底是哪里出了错？”“哪些地方需要改进？”找出失败原因，下次就可以少走弯路。找理由、推卸责任，不仅技能得不到提升，也不会有什么成果。

精英员工甚至不会把失败当成坏事。因为有些人即便成功了，却什么也没学到，这样的成功未必就是好事。精英员工习惯把失败变成对自己有利的经验素材，“从这个痛苦经历中学到了很多东西，所以，下次肯定不会失败”。

迷茫时选择更艰辛的那条路

通过改变自己行动的小实验获取经验，以此作为自己目的的精英员工还会有意选择更为艰辛、更为困难的道路。

他们作为公司里的佼佼者，会遇到诸如晋升、下属调动等各种选择。在这些选项中，尽管 A 看起来更加顺风顺水，但他们中的多数人仍会刻意选择比较艰辛的 B。比如，在某精密机械制造公司，同时存在“销售区经理晋升为销售总部经理”和“平行调动到市场部门担任区域经理”两个选项，这时，精英员工会以“想在自己没什么经验的市场部门积累经验”为由，选择区域经理，而非总部经理。

以前，T 型人才广受欢迎。T 型人才指的是具有较深专业领域知识，而且对其他领域同样有着广泛知识和见解的 I 型人才[1]。通过本次调查我们了解到，精英员工中有 69% 的人会主动学习自身不具备的经验和技能。与此相对，普通员工中有 63% 的人则把 I 型人才作为自己的目标。精英员工具备广泛的横向知识和见解，而 95% 的普通员工追求的则是纵向的专业知识。

---

1 I 型人才：指精通某一领域的专业人才。——编者注

精英员工认为，要想提高应对激烈变化的能力，掌握多种技能比固守一种技能或技术更具有市场价值。在提高技能方面，他们用的是加法，而不是减法。有丰富经验、涉足多个部门的员工，在公司更容易担任要职，同时，他们在公司外的市场价值也会得到提高。这样，经验和技能得到多元化发展，在公司内外都能获得好评。

用人时只看重履历是危险的

招聘社会人或在职人员时，不单纯看重候选人过去的工作经历和经验，而是了解对方是否具有应对变化的能力、是否掌握多种技能等，如此，方能招募到优秀人才。

实际上，我们在客户公司也进行了相关实验。招聘社会人或在职人员的过程中，我们把招聘条件分为“重视工作经历、个人履历”和“重视职业经历多样性”两种情况，最后的结果是，后者能够录用到优秀人才。

对这两种情况，我们在 1 年半后又咨询了人事部经理，确认所录用员工是否仍然活跃。结果给出肯定回答的“重视工作经历、个人履历”占了 64%，而“重视职业经历多样性”则占了 82%。从中也可以看出，作为人才，积累多种职业经验比只在一个领域取得过较大业绩有着更高价值。

原则 4

73% 的精英员工是行动派

有不少人一厢情愿地认为，“想要改变行动，就必须先改变思想”。但事实上，“不改变思想，就无法改变行动”这种说法是错误的。

没有必要改变自己的思想认识。精英员工是这样看待这个问题的：只按兵不动，不会有任何进展。

改变思想之前先行动起来

不是改变了思想后再改变行动，而是随着行动的改变来改变思想。行动起来后察觉到变化，才能认识到原来行动本身就有价值。如此这般不间断，就会养成改变行动的习惯，不知不觉中调整自己的行为。

不只是精英员工，在对客户公司 16 万名员工的行动实验中也能看出端倪。很多公司宣称，为了改变员工思想，有必要首先改变营销和人事部门员工的思想。不过，这仅限于诸如打招呼之类一部分思想改革，并不意味着从根本上改变思想，更谈不上之后的行动改革。

在工作方法上改革成功的公司，善于灵活运用基本原理，重视行动改革，而不是思想改革。首先半强制性地改变自己一部分行动，再通过内省有所收获。反观自己，如果感觉良好，便可以继续下去；如果感觉较差，就应该及时止步。通过内省更新认识，发现以前不曾看到的，察觉以前不曾了解的。“啊，真没想到这么好！”——如果能发此感言，就说明取得了巨大成功。有这样感想的人，78% 都对自己行动的意义和目的理解深刻。所以，他们能够实际感受到自己身上的优点，并把行动变化看作自身事务，调整姿态，继续投入行动当中。

我们要求 29 家客户公司强制员工每月采取新行动。比如，设置 45 分钟公司内部会议，和其他部门项目小组开展合作等。虽然员工们刚开始也会有抵触心理，但实际行动起来后，82% 的人都给出了肯定回答：“收获了意外的效果。”虽然公司后来并没有再做特别要求，但仍有 68% 的员工继续践行。然而，那些口口声声说要自上而下改变思想的，2 年后，公司员工思想和行动自主发生变化的只有 8%。

当然，我们并非否定自上而下思想改革的重要性。但需要了解的是，这只是必要条件，而非充分条件。同时，还需要组建促进员工自发行动的组织形式。如果要等到所有员工转变思想，认识到“有必要改革工作方法”，或许要花几年时间。

因此，首先要行动起来。第一批察觉到自己的思想发生变化的一部分人会较快做出回应，率先对新生事物发起挑战。这部分人会更加自信，考虑事情更积极向上。他们会和组员一起行动起来，感受“先行动，再思考”的实际效果。大家一起努力提高应对变化的能力，在互相帮助的过程中，又引发一系列积极的连锁反应。

各客户公司的精英员工中，刚开始对这些行动实验抱有抵触心理的也大有人在。不过，他们有内省习惯，会根据行动来判断是否对自己有利，一旦了解到行动意义和目的后，就会继续践行下去。这些精英员工甚至还会把实验结果分享给更多的同事。他们与同事分享时，并不是开门见山、滔滔不绝、大谈特谈行动实验的好处，而是给对方提供更多具体细节——“刚开始我自己也有些抵触，尝试着做了之后，发现工作时间减少了 8%”——从而引起对方共鸣。

因为精英员工理解，即便给结论戴上一个“应该……”的帽子，也不能消除人们的抵触心理。如果能先说一下自己刚开始也有和他一样的烦恼和问题，再具体解释自己是如何解决的，这样，才能拨动对方心弦，引起共鸣。也正是因为这样，在公司里有一定威望的精英员工在给身边人提出建议时，很容易被大家接受。

从这点来看，要想在团体中强有力地推行工作方法改革，首先要让精英员工由衷赞同，让他们起带头作用，稳步推进，再渐渐风靡整个公司。只要这种“流行”给其他员工带来了积极的连锁反应，让全体员工都能感受到行动起来有意义，生产力就会得到提高。

原则 5

68% 的精英员工
习惯从差距着手

从目标倒推

倒推思考，是优秀人才常用的工作方法。

目标设定后有必要采取适当行动，接着，还要从设定好的目标向前一步步分解过程，明确“本月要做的事”“本周要做的事”和“今天要做的事”。根据自身能力计算所需必要时间和费用，对什么时候完成目标做到心中有数，这一点至关重要。

精英员工看待目标完成如同登山。他们会先想象自己已经到达了山顶，并倒推自己现在所处位置，以及从这个位置起，爬到山顶所需的时间和费用，然后再开始行动。普通员工中也有人用倒推方式登山，不过他们在准备上花费了太多时间，起步又晚，结果大大拉长了到达山顶的时间。而精英员工会先制订一个最低限度的计划，即所谓旅行指南，然后再开始行动。想象着自己已经到达了山顶，环顾四周，朝着正确方向前进，爬山途中不时回过头来观看，一旦发现哪里不对立刻折回。就这样，在爬山过程中通过内省调整行动，努力以最短距离到达山顶。

乍一看，精英员工又是折回又是调整，相当费事，仿佛会延迟到达山顶的时间。但实际上他们行动迅速，对是否需要调整有着明确判断，能毫不犹豫、步伐坚定地继续走下去。因此，他们比花很长时间做计划的普通员工更早到达山顶。

客户公司的项目推进也是如此。

项目组有没有卓越领袖，在行动的量和速度上会表现出巨大差别。卓越领袖都是目标明确的行动派，他们会首先行动起来，在工作过程中设定要点，逐步完善。没有卓越领袖的项目组，却会把时间花费在推敲基本规划或行动指南上，起步较晚。并且，他们很少回顾总结，磨磨蹭蹭到头来做的都是些无用功，拉长了交付周期。与此相对，卓越领袖会给员工树立明确的目标和目的，从交付日期向前推算，鼓足勇气，毅然决然迈出脚步。

另外，卓越领袖并不认为自己的判断 100% 正确，所以他们会在工作过程中认真回顾总结，灵活调整行动步伐，力求调整过程中不会额外产生无用作业。

缩短和对方的差距

对各个客户公司的不同项目组进行比较后，我们还发现了另一个特征——卓越领袖普遍视野广阔。他们能俯观项目组全体成员，准确发现哪些地方需要调整改进。

而进展不怎么顺利的项目组，总是从局部看待问题，集中精力完成紧急度高的任务，结果组员疲惫不堪，等到回顾时才发现，这些工作虽然紧急却并不重要，只能后悔莫及。

从这个视角看待问题，才能填补和客户或上级之间的认识差距。如果总被眼前事务缠累，就无法察觉到自己实际上是在做无用功，甚至还会对汗流浃背埋头工作的组员报以赞许。但顾客或上司判断项目进展如何，看的不是过程，而是结果。适当地回过头来，不仅可以调整行动步伐，也能可视化管理业务进度。

卓越领袖会把项目情况毫不保留地汇报给客户或上司。因为他们明白，如果到了最后关头，再向对方说“进展不顺利”或者“推迟了”，事情就会变得棘手。

给客户提供方案也是如此。信息提供方和想要尽快获取有效信息的顾客之间，存在目标差距。

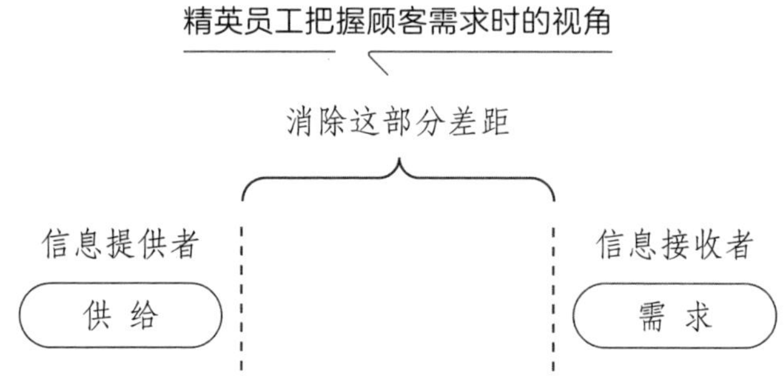

精英员工会事先充分了解顾客需求，尽可能贴近对方需求提供信息。和普通员工相比，精英员工会先选择倾听。

另外，他们也不会忘了提前为提案会议最后的答疑环节做准备。因为他们明白，营造对方可以轻松提问的氛围，并针对问题给出明确解答，可以填补供给和需求之间的差距。而这些又会促进协议的达成。

第一章

普通员工的误区

误区 1

沉浸在工作充实感中

✓

满足于目标达成的成就感，认为回顾反馈有必要

✕

满足于工作的充实感，认为回顾反馈没有必要

我们已经进入了所谓“百年寿命”时代，上了年纪也有可能继续工作。另外，当今劳动改革中还以法律形式规定了劳动时间上限。只要充分发挥每位员工自身的潜力，在有限的时间内取得巨大成果，就不需要把长时间工作作为前提条件。各公司精英员工会研究如何在这个规则制约下取得成果，而普通员工却只会满口怨言。

“又让减少加班，又让完成销售目标，根本就是不可能嘛！”

“工作方法改革不可能顺利进行下去。”

在我们客户公司中也会听到这种声音。对工作方法改革意义不理解，从心底拒绝工作方法改革，这些人很快就会重新回到 9 个月前的工作状态中。

工作方法改革伊始，办公室 19 点准时熄灯，他们要努力完成工作及时下班。他们如果不明白熄灯的意义所在，那么 9 个月后就有可能再次开灯继续加班。只要没从心底接受，78% 的员工会重新回到原来的工作方法中。

一旦规定了劳动时间，人们就会为完成手头工作而拼尽全力。我们经常看到电脑周围贴满“工作清单”便笺、满脑子都是工作的员工。他们的目标就是把这些工作做完，通过完成一个个工作任务，揭掉一张张便笺，获得满满的成就感。但遗憾的是，只靠这些并不能完成目标。

不仅如此，普通员工中有60%的人只满足于工作过程，却不考虑能否做出成果。有些人也会想着尽快完成工作任务，早早抽身离开办公室。但还有些人，他们对大家同舟共济、并肩加班甚至充满了期待。不过，只满足于工作过程，并不能完成目标。工作时间也不再作为评估加分项。

有成果，才会有工资。

作为调查对象的528家公司，其中有58%的公司（307家）制订了2年内转变人事考核制度的计划。考核不看短期成果，而看是否有益于长远效益。这些公司减少了把工作时间、年龄作为考核条件的比重。

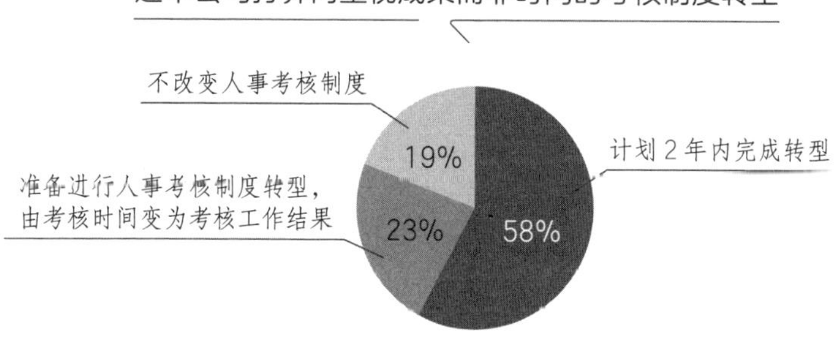

对528家公司人事主管的调查（2019年12月）

我们对16万人做了调查，其中有89%的员工回答“资料做完后，会感到心满意足”。这本身没有问题。但精英员工却给出了否定回答。在后来的进一步调查中我们了解到，精英员工中的大部分人是在制作的资料带来了业绩后，才会感到满意。也就是说，95% 的普通员工看重的是任务完成后的充实感，而精英员工看重的是取得业绩后的成就感。

另外，我们又对“什么业务会带来充实感”做了进一步调查。“资料制作”占绝对领先地位。其中，有超过 60% 的员工给出的回答是 PPT 和 Excel 表格。我作为两家公司的负责人对此比较了解，虽然听着并不舒服，但大多数公司都是如此：一旦功能增加，或者业务更新，就会迫不及待用过于复杂、漂亮的资料反映出来。

我们的工作不能漫无目的地浪费时间。这些浪费的时间不会产生任何效益。在短时间内产生出价值才有意义。因此，请务必明确自己的工作目的。正如精英员工所践行的那样，目标明确，想象一下取得什么样的成绩才算成功。

如果是营销部门制作的提案，那么，签下合同就是目的；如果是公司内部的说明会，那么，让员工积极行动起来就是目标。完成资料并不意味着取得了最终胜利，说明会上给出提案也并不意味着已经完结，我们还要进一步确认，对方有没有行动起来。

只要这个简单直接的目标能让对方行动起来，你就会有意外收获。

反馈等同于礼物

在规定时间内完成工作任务，并对此感到满意，这本身并没有错，但如此这般果真能先人一步吗？辛苦整理的资料真能产生业绩吗？写给顾客公司的提案书，能让你得到认可并签下合同吗？公司内部共享资料，其他员工到底看了多少、运用了多少？制作完成后如果不回顾总结，就不知道辛苦做好的资料是否达到了预期效果，不知道花费的时间是不是值得。

一旦进展不顺利，从资料需求方那里得到的反馈，还可以灵活应用到下次资料制作中。精英员工会积极获取大家的反馈，而沉浸在工作充实感中的 95% 的普通员工却认为，没有必要获取别人的意见和建议。

精英员工中，78% 的人会主动获取信息反馈。面对参会人员、会议主办方、取消订单的顾客，他们会主动听取大家的感想和评价。此外，他们还有一个特征：即便获得了成功，仍会积极听取意见，看哪方面还要进一步改善。

在本次调查中，我们保留了 17 个多次向对方征求改善意见的音频。这些全部出自精英员工。虽然已经取得了成果，但为了继续保持好的业绩，甚至再上一个台阶，他们仍在积极寻求改善意见。被问到的人中也包括顾客和相关度较低的普通人，他们反馈的信息都是哪个地方好或哪个地方值得表扬，而精英员工不会满足于此，他们会继续刨根问底："既然什么都好，那么，请您告诉我，还有哪方面需要改善？"

95% 的普通员工中，大多数人不喜欢“反馈”这个词。调查显示，普通员工中 61% 的人对“反馈”抱有消极印象，认为“反馈 = 出问题”。当然，他们也不喜欢伤害自己，所以不会主动寻求反馈。没有回顾总结意识，就不会有行动改善，所以，他们就只能跟着感觉走，坐等哪天交上好运，做出好业绩……

与此相对，精英员工中，78% 的人对别人的反馈意见抱有积极态度，甚至有人还在调查问卷自由作答栏里写下“反馈是成功的种子”“反馈等同于礼物”等字句。

误区 2

每天都要查看邮件信息

✓

在开启和关闭之间切换，专注高效作业

✕

惦记实时消息，回复信息成了工作目的，身心疲惫在调查了 16 万人的工作方法后，我们发现评价较低的人有着相通之处。他们普遍一厢情愿地认为通宵加班、周末加班也会在一定程度上得到大家的认可。

我们要求客户公司的员工定期对自己的工作进行回顾。通过对 16 万人的调查或录音，我们了解到 97% 的普通员工都是着手于“紧急度高的业务”。他们眼里只有“紧急”二字，察觉不到自己正在“紧急度虽高但重要度低”的业务上浪费时间。

精英员工更关注重要度

与此相对，取得好业绩的精英员工会从紧急度和重要度两个评价轴来决定事情的优先次序。对于那些紧急度高但重要度低的事情，他们当然不会先做。

精英员工会在紧急度低但重要度高的事情上花费大量时间，这是他们的显著特征。比起紧急度，他们会更加留意重要度这个评价轴。这源于他们致力于完成目标的想法。

在当今社会条件下，人们必须在短时间内取得更大业绩，这就要求我们把重要度低的事情筛选出来，鼓足勇气弃之不做。以此腾出更多时间，完成紧急度低但重要度高的工作，这才是持续做出成果的关键。不管是否紧急，事情越重要，越需要我们花费更大精力来做。

超过 80% 的人在做“查看即时信息”这个紧急但重要度低的工作。当然，如果你拥有卓越的能力和充足的时间，不管来信是否重要都能快速处理，这当然更好，但普通员工中拥有这种能力的人少之又少。我们假定精英员工拥有较高的信息处理能力，可以对所有信息事无巨细一一回复。即便如此，在普通员工中推行展开也不会有什么效果。因此，做事情时留意重要度高低，显得格外重要。

及时休息，让自己的能力充分发挥

大脑精力有限，如果让大脑持续处于超负荷状态，不仅不利于工作，还会严重影响到身体健康。因为工作日里开足马力，渐次疲乏的大脑有必要得到休息。没有休息，原本良好的表现也不能得到施展。

在本次调查的 605 家公司中，有 23% 的员工这样回答：“虽然是节假日，但也没什么可做的，就又工作起来。”在这 23% 的员工里，回答“并没有取得理想成果，也没有得到好评”的人占了 63%。与此相对，精英员工回答“节假日里会充分休息”的占了 79%。他们或者和家人一起悠闲吃饭、放松身心，或者做有氧运动，在酸爽痛快中使身心得到放松。

精英员工的休息方式

就“如何度过节假日”这个问题，我们还分别对精英员工和普通员工开展了个别调查。通过比较，我们了解到精英员工的度假方式有着明显特征。

选择自己喜欢的事情并身体力行

游泳、读书、购物……精英员工会自行选择令人情绪高涨的活动，然后身体力行。“自己选择”是关键。人们会为自己拥有“选择权”而感到幸福，很多人如此答道，“不是别人让我做，而是我自己的选择，这会让人心情愉悦”。

适当做有氧运动

有些人会通过酣畅淋漓的有氧运动释放压力。

比如，很多人会选择“散步 20 分钟”“拉伸 10 分钟”“短跑 30 分钟”等运动。

有不少人还会定期跑步、参加马拉松比赛。精英员工中，定期跑步的人数比例是普通员工的 3 倍多。另外，有不少人还通过跑步扩展了公司以外的人脉关系。精英员工中，女性做瑜伽或普拉提的人数比例普遍较高；男性打保龄球的人数比例相对较高。而定期打高尔夫球的人数比例，精英员工和普通员工没有差别。

读书

读书是精英员工的另一个特征。

对 28 家公司的调查显示，普通员工平均一年读 2.2 本书。而精英员工是他们的 20 多倍，一年读 48.2 本书。这对减少手机依赖同样有效。“阅读期间不会碰手机”，仅这一点就可以让自己的身心得到放松，让我们的自律神经得到重新调整。精英员工中多数人晚上睡觉前不碰手机，而是选择读书，这也是他们的一个特征。

星期五工作效率高

通过对 22 家公司约 9000 人的调查，我们了解到，大家只要想到长假或周末即将到来，就能提高工作效率。周末前，也就是星期五工作效率普遍偏高。特别是精英员工，其中有 30% 以上的人回答，他们会在星期五“决定哪些工作放弃不做”。面对即将到来的周末，不能完成的工作就鼓足勇气毅然放弃。这又叫“截止日期效应”。

通过进一步调查我们了解到，对于星期五放弃没做的工作，83% 的人回答“结果发现真没必要做，幸亏当时没做”。由此可见，精英员工的判断是正确的。节假日里让大脑充分休息，以放松状态迎接星期一的工作，通过意识到周末即将到来，在星期五筛选出要放弃的工作，提高效率，这就是精英员工度过节假日的方式。

误区 3

整理各种看似重要的资料

✓

集中精力出成果，在短时间内制作简单资料

✕

花费大量时间，倾注全部心血制作庞杂资料

“幻想”会多出 23% 的无用资料

我们对资料制作做了相关调查，普通员工给出了以下回答。

“不好好做资料，可能会惹上司发火。”
“制作资料，是为了全面细致地传达信息。”
“想把所有看似重要的信息一网打尽。”
“把可能会问到的内容提前准备到资料里。”

比如管理会议上，很多人都会鼓足干劲制作资料。但是，努力完成的资料中，20% 的资料在管理会议上派不上用场。在员工达 800 名以上的 67 家公司里，为了 1 小时的董事大会，参会员工会花费 70～80 个小时来准备资料。而实际上别说讨论了，压根儿都没涉及的资料就占了 23%，用来准备这些资料的时间算是白白浪费了。

幻想制作庞杂的资料就会得到好评；为制作资料加班到深夜；沉浸在资料做完后的充实感中，而实际上却根本用不上，也不会得到认可……这就是普通员工的工作常态。

93% 看似重要的资料其实都没必要

我们在 3 家制造业和信息通信业客户公司中，检验了看似重要的资料以后是否真能派上用场。这 3 家客户公司力推无纸化办公，开设了减少保管纸质资料的专题项目。刚开始很多员工反对无纸化办公，项目推进了一两年也并没有取得什么进展。

在这种情况下，借由单位变更、部门调动等办公室搬迁的机会，他们把以后可能会用到的看似重要的资料贴上标签，检验 1 年内会不会用到。调查对象是 720 套多达 1.2 万张的资料，结果是 93% 的资料连碰也没有碰过，更别说派上用场。看似重要的资料，在保管者一厢情愿的想法下，成了占用空间的元凶。

得到认可的不是努力而是成果

20 年前我还是个小销售员时，有一次，为了争取到一笔大的订单，我用 PPT 制作了提案资料，参加投标。在第一次审核中，对方负责人对资料内容看都没看，就开始数资料页数。然后告诉我：“比其他公司少了 50 页，请重新提交！”上司了解了事情缘由后，非但没有批评那个对资料内容连看也没看一眼的负责人，反而对我大发雷霆，埋怨我做的资料页数少，还给我下达了重量不重质的指令：“你要是真心想拿下那个订单，就倾注全部精力多做些资料！”

我确实想拿下那笔订单，于是通宵熬夜重新制作资料，第二天再次提交，才终于得以进入下一个筛选阶段。20 年前，评价员工仍普遍倾向于看努力程度，而非成果。在大型企业，为这种评估制度进一步推波助澜的中老年员工比比皆是。

20 年前日本公司能在世界范围内占有一席之地，靠的是拥有“言听计从”的下属。在那个重批量生产的年代，按照上司指示去做，销售额就会一路上升，所以，那时要的是对上司或公司的一颗忠诚的心。如果有大量按照指示行动的工蚁，公司就赚到了。在这种商业模式下，和人事考核挂钩的是对公司有多大的忠诚度，流了多少汗，付出了多少心血。以至于现在很多业务员一听到这句话就头疼:“你们自己思考，自己去做。”

如今，我们进入了所谓“故事消费”时代，购买的不是商品功能，而是从这个功能中产生的价值和体验，顾客诉求变得更加复杂难辨。因此，这就要求现场员工把握市场需求，迅速填平需求和供给之间的落差。不仅需要提供商品，还需要提供解决顾客问题的方案和创新方法。

公司考核开始侧重于成果，单单靠通宵苦战很难得到认可。

另外，受工作方法改革相关法律影响，给加班员工评分较低也确是实情。在各公司广受赞誉的精英员工，靠的是在更短时间里持续做出成果。

误区 4

满足于工作效率提升

✓ 腾出时间做重要工作，把精力集中在效率和提高效率上

✗ 对接二连三完成工作感到充实

只看到眼前事务，到头来却做了些无用功

不是业务做完就算了事。不管你多么擅长制作资料，甚至1小时能做几十页，只要没派上用场就没有意义。普通员工中，不少人错误地认为做大量工作就是“效率高”。

而对此有深刻理解的精英员工却认为，“短时间内完成必要工作才是效率高”。如果只急于完成紧急度高的工作，便很难留意到这个错误，以至于在着手工作前，漏掉了重要环节——检查“这个工作是否真有必要做”。只根据是否紧急来安排工作，很容易对那些“虽然不紧急却非常重要的工作”弃之不顾。

有效利用时间，提高应对未来重要事务发生变化的能力。他们虽然明知时间分配在中长期成长和改善过程中至关重要，但想到那些工作现在不做又不会怎样，就很容易将其搁在一旁。

如果是非常重要的工作，放任不管就会让自己逐渐陷于困境。马上就要到交付日期了，才慌慌张张熬通宵，结果错误百出，或者输出内容水分大，最终还是没能取得好业绩。不要因紧急度而乱了方寸，要认真设定关键点，确认有没有把重要工作都包含在内。

精英员工为了完成重要工作，会往前倒推哪些工作必须做，以此确定工作时间表。他们每周花15分钟设定工作进程关键点，保持工作进展顺利。精英员工按照设定的关键点，就能够做到放

弃那些虽然紧急但并不重要的事务。例如，设计图纸时不知不觉入了迷，花很长时间制作了偏离客户期望的精密图纸，就属于这种情况。还有，为了讨上司喜欢，花整个周末制作过于漂亮的资料，也属于这种情况。

要像精英员工一样，时常想一想目标，以合适的方式、最少的时间投入完成工作。为了避免认识偏离和自我满足，花点时间及时确认目标和进度至关重要。精英员工在工作过程中，1 小时要至少休息 1 次，确认进度 1 次以上。

应该把时间花在紧急度虽低但重要度高的事务上

缩短固定作业时间，工作过程中可以更加游刃有余。但如果理解成“只是单纯削减时间”，工作动力就会下降。为此，我们要有积极的心态，怀抱着这是在“为将来创造时间”的想法。

在对约 2.2 万名业务员的调查中，有 71% 的人认为“向前看，效率高”。我们可以通过多种方法提高工作效率，比如，重新审视流程，改善工作技能，灵活运用 IT 技术……除此以外，分析“现在自己正花时间做什么”同样重要。因为如果看不到时间浪费，就不会想到如何避免时间浪费。

普通员工容易在时间充裕时浪费时间。他们往往在时间充裕时浪费时间，交付日期迫在眉睫时匆忙利用时间。因此，我们要对“紧急度低”有正确的理解，养成良好的习惯，越是在时间充足时，越需要为回顾总结刻意留出空当。如果来回有两三次有意为回顾总结腾出时间，之后就会变得自然而然了。

在反应速度上提高组员效率

精英员工还有一点值得肯定，那就是和上司、组员、客户联系迅速。即便是小事，也会立即联系报告，不闷在自己心里。而普通员工，不知不觉就会忘了联系，或者延迟联系。

精英员工对“报联商”（报告、联络、商谈）毫不懈怠。另外，遇到对方联系的情况，大多也反应迅速，回复及时。反应迅速、同时处理多个工作任务的精英员工，甚至会引来大家的议论：“这个人难道会分身术？”及时回复，既免去了对方等待的时间，还可以使业务得以顺利进行。

相反，回复迟延，就有可能让对方等得着急。正因为现在智能手机普及，不管何时何地都能联系到对方，大家才更加重视回复速度。不过，也没有必要为了早点回复而熬夜加班。要在工作时间段充分灵活运用商务聊天工具，回复信息、处理业务，提高自己和对方的生产积极性。

认为多数信息都可以在网上查到

✓

明确检索目的，根据目的调整搜索方式

✕

什么都要上网搜索

输入过程要考虑效率和效果

商业往来讲究的是输出，所以，首先必须有充分的输入。精英员工的做法是，不把收集信息作为自己的目标，而是筛选必要信息，并通过最短的距离获取信息。

与此相对，普通员工中把搜索信息作为工作目标的大有人在。在对 8.2 万人的调查中，我们针对“收集信息时首先会怎么做”这一问题，让大家自由作答，结果大多数人给出的答案都是“在 Google 上搜索”。虽说转向科技是为了更加便利，但这里却存在风险。信息收集效率更高的同时，也意味着很多人都有可能轻易获取信息。检索信息的方法越普遍，能够搜索到特定信息源的人就会越多，信息所具有的稀有属性也会越低。只是把任何人都可以随便获取到的信息传达给对方，那么，搜索、获取信息过程中产生的成本、信息本身的价值……这些都不足以作为收费对象。

贸易之所以成立，正是因为可以填补彼此差距。

当年的东印度公司就是通过差异进行贸易往来的。他们通过把在印度可轻松得到的胡椒和红茶卖给欧洲贵族获取利益。一时间，胡椒价格比黄金还要高，为了得到胡椒，甚至还爆发了战争。东印度公司正是通过填补信息、地点和需求这三个差距，攫取了巨额利润。

欧洲贵族并不知道在印度可以轻松获取胡椒和红茶，他们毫不犹豫地斥巨资购买。另外，当时人们并不能自由出入印度，所以也存在地理差距。并且，在战争频发的欧洲，贵族们有休闲一刻的潜在需求，东印度公司挖掘出了这个需求，继而给贵族们提供了胡椒和红茶。

在信息化时代，我们容易认为，很难再有上述例子中的信息差距了。实际上也确实如此，如今连巴西菜市场的西红柿价格都能了解到，信息稀缺性日益下降。不过，那些想要了解却获取不到的信息、从未听说过的信息，就成了贸易的种子。即便在当今信息化时代，灵活运用信息差距取得成功的企业仍不在少数。

人力资源市场就是这样的例子。想要跳槽的职场人收集招聘或面试等信息时，都会尽量避人耳目。而人力资源市场则会把跳槽预备军想要获取的信息集中放在一处，以求更多点击量。一方面，公司因为缺人需要招一些有经验的员工，却很难找到跳槽人员名单。另一方面，在跳槽大军云集的网站，人才招聘市场为招募公司有偿提供广告空间。这种差距，以后数十年内仍会继续存在，这就是人才招聘市场的生意根基。不仅跳槽人员信息存在差距，还有房产信息的“SUUMO”[1]，婚恋信息的“ZEXY”[2]，诸如此类，不胜枚举。也就是说，不管哪个年代，都存在信息差距。

但如果你想通过 Google 搜索任何人都搜得到的信息谋生，那就大错特错了。不要忘了 Google 本来是靠广告营生的。

1 SUUMO，日本一家房产公司。——译者注

2 ZEXY，日本婚恋杂志名称。——译者注

Google 搜索结果有优先次序，支付更多广告费的企业宣传优先显示。也就是说，输入的检索关键词会有目的地筛选广告，有时，甚至还会被广告网站随意诱导。另外，通过植入广告谋生的人，还会有意在网站上埋伏容易检索的关键词，不管检索者意图何在，都很容易被埋伏了关键词的网站诱导。

也就是说，在 Google 上搜索时如果目标不明确，就有可能和你想要的大相径庭，陷入广告网站里而不自知。如果登录 Google 账户搜索，Google 则会根据你的属性，优先推送更容易被你点击的网站，本来是想搜索信息，结果却被信息牵着鼻子走。

因此，搜索信息重要的是目的明确，不至于晕头晕脑陷入诱导。精英员工对这一点心知肚明，检索前普遍带有明确目的，严格控制检索时间。另外，他们会通过其他方式，把更多时间分配在网上获取不到的稀缺信息上，这是精英员工的另一个特点。他们认为那些稀缺性高又非常重要的信息，不是通过网络，而是通过人建立关系的。

比起电脑，精英员工更倾向于通过书籍收集信息。另外，在信息溯源方面，他们也不会把自己绑在网络上，而是积极向专业书籍或专业人士搜寻挖掘信息。这和精英员工扩展公司内外人脉关系的行为有异曲同工之妙。通过对精英员工言行的调查，我们了解到，他们会对定期收集信息有个事先规划，还会通过和人聊天获取稀缺信息。实际上，他们的人脉也要比普通员工宽出好多。并且，进一步调查发现，他们扩展人脉的原因 63% 在于信息收集。

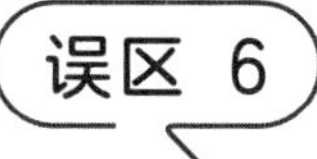

出现问题
立刻考虑解决方案

✓

寻找问题根本原因，
对症下药，不会再次
发生同样问题

只是一时解决，还会
再次发生同样问题

只解决表面问题

商务活动中出现问题该怎么办？如果不了解基本处理方法，就会陷入困顿，或是把事情搞得更加复杂，到头来只能把解决时间拖得更晚。

普通员工发现问题后通常会立即考虑解决方案。问题出现后，大多数员工都属于以下情况：还没有捋清头绪便匆忙按下暂停键，只看眼下，想到哪些做哪些。他们或是依靠以往经验；或是认定此路不通，坐以待毙；或是为了搜集完美信息，长时间耗在 Google 上；或是花费高额报酬让顾问反复调查……如此这般，问题非但得不到顺利解决，甚至还会反复出现。诚然，面对复杂问题，人们很容易陷入困惑，如同暗夜行路，找不到解决的头绪，但如果你抓住直击问题本质的关键点，在这个基础上再着手解决，或许就会事半功倍。

普通员工普遍做法是把精力集中在眼前事务上，只一味想着怎么解决，就有可能认不清问题实质，最终还是做不到根本解决。抓不住问题根本，即便是一时解决了也会旧病复发，同时，还有可能陷入“这个问题只能这样解决”的困境中。这是因为，一旦这个解决方案进展不顺利，不仅会造成资源浪费、积极性下降，甚至还有可能失去再次寻求解决方案的勇气。

精英员工在解决问题上是有固定模型的。为了持续做出成果，他们会尽量沉淀出可重复实验的解决方案。这个招数不仅可以解决问题，还会对市场营销、新业务开发起积极作用。通过对精英员工解决问题方法的调查，我们了解到，这个模型就是一种类似于“设计思考”的思维模式。

“设计思考”模型是这样的：充分理解用户痛点和烦恼，确定问题发生原因，设立模型，在这些外部需求的基础上，改进解决方案，解决问题。在进入“如何解决”这一步骤前，他们会首先寻找出现这种问题的原因。

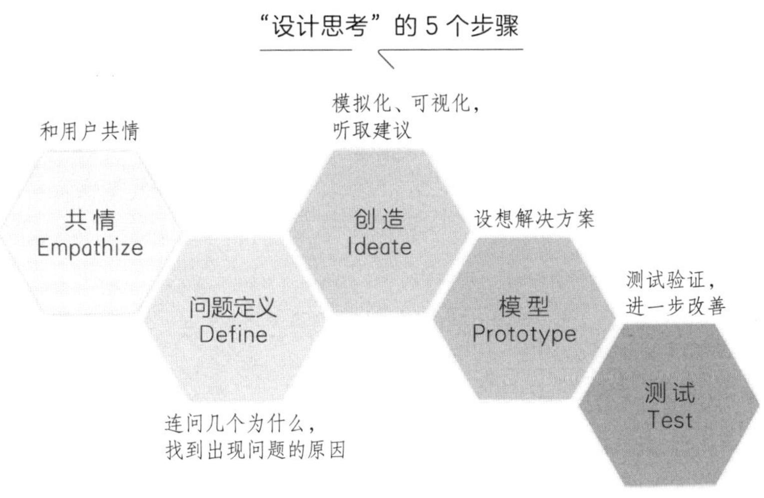

“设计思考”是商家、工程师、设计者三位一体的项目模型。这个模型重视组员之间的交流。首先要确保大家心态放松，这个阶段，追求的是想法的量而不是质。在这个基础上，还需要就“这是什么问题、问题本质是什么、根本解决方案是什么”等交换意见。把复杂的问题简单化，确切把握问题本质。乍一看问题复杂难解，但只要一步步来，把要素分解开，就会发现本质出乎意料地简单，大大提高了从根本上解决难题的概率。

精英员工会从发现问题着手。遇到麻烦后，会首先把目光锁定在问题出现的原因上。然后，再分析这个问题是怎么出现的，进一步挖掘问题产生的原因。接着，设立假说，收集最低限度的信息，验证在众多原因中哪些更有说服力，查明根本原因。找到根本原因后，制订解决计划。对症下药，实施方案，预防旧病复发。问题出现后，我们很容易从眼前着手解决。但更好的做法是像精英员工一样，按照发现问题—分析问题—设计解决方案的顺序整理、思考，就能通过最高效的方法解决问题。

第二章

精英员工的特点

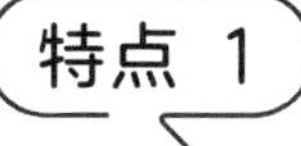

重视成就感

✓ 朝着自己希望达成的目标工作

✕ 把得到他人认可作为工作目标

星期五晚上会感到幸福

在对客户公司总计 16 万人的调查中，当问到大家“感到幸福的时刻”时，57% 的普通员工给出的回答是“星期六早上”。

57% 的普通员工会有一种徒劳感，觉得“每天都有干不完的工作，转眼间一天就过去了”。和精英员工相比，他们劳动时间长，大多工作又得不到上司关注，因而在工作日会心生疲劳。在这种状态下，中间夹了个周末，他们会为终于能睡个好觉感到幸福。和工作日不同，星期六可以没有闹钟打扰睡到自然醒，很多员工都会因此而感到幸福。

与此相对，通过对精英员工的回答进行分析，我们了解到，最让他们感到幸福的是星期五晚上。从压力重重的工作中解脱出来，谁都会为即将到来的周末而欢喜雀跃。通过进一步询问我们得知，真正让精英员工欢喜雀跃的不是从工作中解脱出来，而是完成工作后的成就感。他们中 62% 的人会在成就感中体会到工作的意义。他们欢喜不是因为从工作中解脱了出来，而是当感受到自己的目标——完成工作及自我成长——得以实现时，他们就会感到幸福。

由此可见，不能如自己所愿做出成果而心生疲惫的普通员工，会为“星期六早上”终于得以从这种状态中解放出来感到幸福，而精英员工则是为星期五晚上完成了明确目标感到幸福。

因为有目标，所以有完成

通过对精英员工的进一步询问得知，他们有着自己明确的目标和方针。“不能再犯同样的错误”“和昨天相比，尽力让今天的自己再成长一点”……这样的留言有很多。也就是说，他们致力于改善和成长，工作时会有意致力于此。工作本身不是目的，工作中做出的成果才是他们看重的。他们完成目标、收获成就感，不是在工作结束的瞬间，而是在做出成果的时刻。如果把这一理念渗透到整个小组，无须使用“自我实现”这样艰涩难懂的词，就能有效贯彻简单目标的思考模式。

建议大家在工作时可以带上这两个疑问：这项业务目的何在？怎样做才算成功？

在 8 家客户公司的行动实验中，A 组工作时目的明确，B 组不明确，他们之间存在明显差距。其中参与实验的 4 家公司中有着明确目的的 A 组，不仅业务时间缩短了 12%，业务质量也高过 B 组。

精英员工的目标是自我实现

精英员工和普通员工的目标需求层次也不一样。

在美国心理学家马斯洛的著名学说中，需求分为 5 个层次，如下页图中所示，需求层次由下到上逐渐升高。日本不是发展中国家，大多数人的“生理需求”都得到了满足，“安全需求”也是如此。

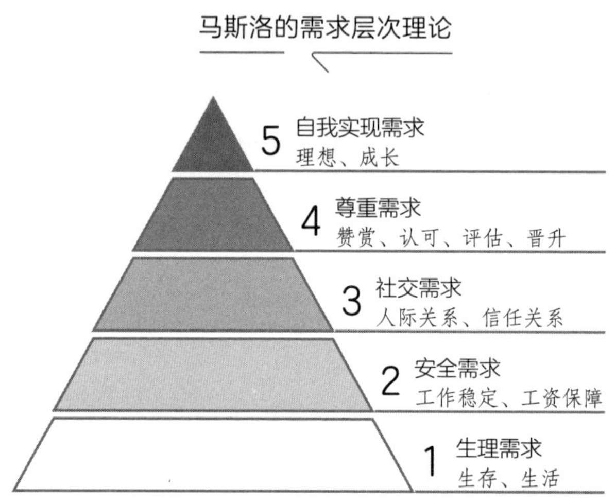

接下来的需求层次是“社交需求”，即希望自己人际关系和谐，得到对方信任。接着，第 4 个层次是“尊重需求”，也叫“认可需求”。

针对工作意义，在对 16 万人的调查中，得到最多的回答是“尊重需求”。“客户感谢时”“在公司听到谢谢时”“被上司的上司叫出名字时”……会感受到工作的意义。诸如此类的留言占了多数。这种尊重需求，也包括那些自己不努力却吩咐别人“干这个！干那个！”的员工。也就是说，正是因为对方的存在才需要尊重需求，如果对方的“认可”和自己期待的“认可”不符，就会产生不安和不满。这种焦虑的产生是因为“认可”来自对方，自己很难控制。

最后，第5个层次“自我实现需求”的主体是自己，自己努力成长为理想中的自己。并不是说需求层次有好坏之分，而是说致力于不同层次的需求，个人行动也会发生变化。调查显示，精英员工大多超越了“尊重需求”，转而致力于“自我实现需求”。也就是说需求主体是自己，把自己能做到的和不能做到的明确区分开来，在自己掌控的范围内，斟酌如何进一步接近理想中的自己。也可以这样说，他们的目标是自我成长，而不是追求“对方的认可”。因为我们很难左右大家对我们的看法。重要的是我们有没有一点点靠近理想中的自己，而不是在意对方如何评价我们。

作为人手不足的企业，自我实现需求是提高员工积极性不可或缺的要素。

为了减少员工跳槽，或是为了引进优秀人才，公司通常的做法是提高工资水平，不过如今，这种方法的效果却越来越不明显。特别是精英员工，他们希望自己获得成长和自我实现。另外，还有不少员工追求的是工作意义。他们的期望不是得到一时的金钱报酬，而是通过工作得到自我成长，通过工作感受到自己的价值意义。只为获得高额报酬而工作的员工在逐年减少。

2016年12月，在对623名员工进行的调查中，回答“跳槽时优先考虑报酬”的有43%，占绝对领先地位。但3年后的2019年12月，我们对890名员工进行了同样的调查，结果，回答“优先考虑报酬”的占34%，3年时间，这一比例减少了9个百分点。与此同时，回答“优先考虑工作意义”的员工，从 18% 增加到 26%，升高了 8 个百分点。自己愿意做这份工作，从这份工作中能感受到自身价值……员工如果具备这种积极情感，在面对市场或环境的变化时，就不会感到恐慌，而是会勇于挑战。

历史证明，不管是企业还是个人，提高应对变化的能力都是求取生存的必需要素。不执念于一时的金钱报酬，致力于一点点接近理想中的自己，如此，才更容易达成目标，也更容易获得工作意义。

特点 2

明白成功的唯一方法就是多次失败

✓

认为从失败中学到的经验教训能促使下次取得成功

×

只看到失败带来的损失，不做任何改善

尝试新事物、应对前所未有的挑战、做出改变……这些肯定都会产生或大或小的风险。但这并不意味着维持现状、拒绝尝试就没有风险。身处这个时代，不积极应对外部变化、不采取任何行动，反倒会面临更大的风险。不行动，就不会有成长。也就是说，不管挑战与否都存在风险，因此，重要的是我们要丢掉零风险的想法。

没有完美的挑战

面对新挑战，精英员工是如何看待其中利弊的，我们对调查问卷进行了总结。

精英员工给出的回答是新挑战有弊端，但“如果把它看成迈向成功的必经之路，就不存在所谓的弊端了”。另外，即便“不挑战，就没有失败风险”这句话成立，他们仍会认为“如果把失败看成是通向成功的必经之路，也就无所谓存在弊端了”。精英员工把失败当成通向未来成功的训练场，所以如果什么也不做，就没有优势可言。当然，在向新事物发起挑战之前，必须事先收集信息、做好规划，努力把失败风险降到最低。不过，不管收集多少信息，如果不亲身去做，就不知道挑战的最后是成功还是失败，很多时候都是做了才会见分晓。

拒绝挑战也有弊端，对此，精英员工有他们特别的看法。他们深知外部环境始终在变，自己如果不积极做出改变，就会逐渐退化，和过去相比，价值也会下降。他们听了太多前辈的“光辉历史”，这些前辈只知道抱怨、发牢骚，却从不尝试新挑战。而拒绝尝试新挑战只会让自己的价值大打折扣，精英员工对此有着深切了解，他们把那些前辈作为反面教材，立志“自己千万不要变成那样”。如果失败了，就回过头来好好反省，把从失败中学到的经验用到下次行动中，进一步改善，成功的概率就会提高。不轻言放弃、勇于挑战、坚持到底，就一定能成功。

成功的唯一方法就是经历多次失败

精英员工明白，失败是成功的垫脚石。普通员工通常会片面地认为，成功、失败，非此即彼。但精英员工却认为积累了数次失败经验后就有成功的希望。当然，他们会做最大限度的准备工作，尽量避免致命失败。然后，他们在小范围内快速开展工作，在工作过程中继续留心调整规避风险策略。

要想适应外部变化，只能迎接新的挑战。同时，我们还必须清楚地了解，挑战，难免会存在弊端。如果你只盯着这个弊端不放，力求把风险降为零，不仅浪费时间和费用，最终还有可能很难再付诸行动。

精英员工能坦然面对弊端，只要利大于弊，就会付诸行动。

所以我们与其苦思冥想“怎样才能消除弊端”，不如充分享受挑战带来的好处，这样才更有意义。

如此，我们只要明白这个最初目的，自然就会采取正确姿态——积极向前，努力行动，不为逃避找理由。再怎么反复论证那些看不见的风险，也不会进步。让我们先从小范围开始，在修正过程中把风险控制到最小，才能最终一步步走向成功。

特点 3

不追求完美

设定八成准确度目标，稳步前进

追求完美，在准备工作上花费大量时间，迟迟迈不出第一步

不收集 100% 的信息

我们对 A、B 两组进行了对比实验，其中，A 组力求收集 100% 的信息，B 组收集了六成信息后便转向行动。

A 组的特征是，在准备工作上花费了大量时间，行动起来非常自信，但行动时间较晚。与此相对，B 组倾向于在信息收集上不花太多时间，行动比 A 组开始得早，为以后回顾总结留下充足时间，因此，他们可以边做边学，学以致用，大幅度调整、改善。也就是说，刚开始不执着于完美，在工作过程中一边前进一边修正，更容易取得成果。精英员工正是如此，他们收集六七成的信息后，会立即做出行动。因此，他们通常会设定一定的准确度和时间上限，高效收集信息。

另外，那些很难收集的信息，检索起来非常费时。定期设定要搜索内容的关键词、设置自动收集相关新闻的机制更加有效。比如，为了收集特定信息，我们通常会输入关键词进行搜索，而当一种关键词被反复检索后，Google 就会启动提示功能。提前设置好关键词，当网上出现相关信息时，我们就会收到通知。

通常情况下，追求完美，就会落后。精英员工会设定“八成”准确度目标值、限定作业时间，刻意回避追求完美。因此，他们得以稳步前进，业务量增加，最终更容易取得成果。

过度追求完美，行动力就会下降。难得的创意想法，如果不付诸行动就不会产生任何意义。在准备工作上花费大量时间，规划完美方案，最终却没有任何行动，结果只能是不了了之。精英员工不是完美主义者。他们会挖掘本质，切中要点，而不是追求收集 100% 的全面信息。

不追求完美，就会轻轻松松。如果你追求完美，那么，即便只做一张 PPT，也会花去大把时间。或许你想通过这个材料展示自己的完美，或许你想给上司或顾客一个惊喜，总之，即便加班也心甘情愿埋头苦干。如果此时身边其他员工提交了完成度为八成的材料，你又会鄙视对方，认为对方“不是一个认真工作的人”，心里愤愤不平起来。

如上所述，如果追求完美，就会活得很累。当然，并不是说追求完美的思考方式是错误的，毕竟，这总比那些连尝试的勇气都没有、只能坐以待毙的人要好出许多。

不过，在“更短时间内取得更大成果”的原则下，我们必须果断决策，立即行动。作为团队，大家必须携手合作，共同解决难题，如果你个人心里愤愤不平，就会给大家带来困扰。另外，完美主义者还有个人独揽的毛病，所以，在考虑问题时，想得简单点，也能活得轻松些。

一部分精英员工会有意经历些小失败

不过，即便是精英员工，也会有失误，也会有人害怕失败。实际上，他们中很多人都胆小怯懦、小心谨慎。他们虽然明白失败是成功的垫脚石，但仍有三成的人害怕失败。不过，他们更懂得，回避失败就无法成长，因此，他们还会刻意体验失败。他们重视可重复再现，了解失败类型，知道在重要的时刻如何避免失败、如何把风险降到最低。

他们通过故意失败，体验事情发展的不同结果。例如，刻意不认真检查邮件和信息文字输入，抱着即使犯了典型错误也无所谓的心态直接发送出去。结果，并没有造成多大影响，也没有发生什么了不得的大事。编程女孩创始人拉什玛·萨贾尼曾经说过，“你去尝试失败时，就会了解到追求完美没有任何意义”。

在你的工作和个人生活中，如果不想经历失败，你就可以像一部分精英员工正在实践的那样，尝试些小小的失误实验。

特点 4

重视可复制的方法

✓

为了发现可以持续
做出成果的规律，
主动做行动实验

✕

为一时取得的成果
感到满足、欣喜

运用经验技能，不断复制成功

自己积累了哪些经验，取得了哪些成功，经历了哪些失败，这些只有你自己最了解。所以说，是否有可复制的方法，决定了这个人或者商业项目的价值。面对取得成果、获得好评的精英员工，我们很容易把目光落在他们的经历、头衔上，比如，他们有着哪些特别的经验和能力、担任什么职位等。

诚然，精英员工具有优异能力和专业技能。不过，能够运用这些技能或能力持续做出成果才是更重要的，具备技能本身并无意义。例如，虽然你了解程序语言，但也只有当你运用这种技能并投入开发时才会产生价值。精英员工会尽情发挥自身能力或技能，不留半点遗憾。不管在公司内外，他们都能施展自身影响力。即便公司内部工作调动，他们也会很快取得突出成果，甚至跳槽到别家公司，也一样可以展现自己的影响力。这是因为他们自带“功力”——抑制外部环境、条件的影响，充分发挥自身能力，积极行动。

有能力，是一种展现自己胜任某种特定工作、得到大家认可的状态。更准确些说，“看起来能胜任某种特定工作”是指“能复制某种特定工作”的状态。有些商务人员被大家盛赞为“业界顶尖销售员”。他们分布在各上市公司，促成了多个大型商业项目谈判的成功。作为负责人，他们管理的庞大团队同样硕果累累。

另外，他们还是社会知名人士，非常具有号召力。这些销售员的价值，在于他们可以复制“商业谈判的成功”，在于他们作为管理者，“有着丰富的管理经验，不管什么环境都能管理好下属，具有可复制性”。“上市公司”“管理者”……这些只是表象，他们的价值本质上是利用自身所具有的可复制的能力，实现具体构想。

拘泥于经历或经验没有意义。这些充其量不过是以前的光辉历史罢了，我们要努力的方向是：从这些经验中学到了什么？能否在接下来的工作中持续复制？如果只是为“在时代的潮流中偶然走了好运，暂时挣到了大钱”而沾沾自喜，那么，公司很快就会倒闭。真正有价值的公司，会构建可以复制的商业模式，根据时代变化改变赢利方法。他们会冷静分析为什么进展顺利，为什么进展不顺利，深入了解结构和流程，提炼本质，灵活运用，推动企业可持续发展。你如果想提高自身价值，就可以从过去的成功或失败的经验中再现事物的发展过程。

真正的价值，在于洞察并且再现业务构造或流程，分析为什么进展顺利。

不管成功还是失败，都要找出原因

出差错时，如果只满足于找到出错原因然后改善，就不能成为具有高水平再现能力的人。因为总结回顾不仅适用于出错时，成功时同样需要。如果只在出差错时才总结回顾，虽然可以防止再犯同样的错误，却降低了取得成功的可能性。

之所以成功，必定存在关键因素。只要我们仔细观察，就能找到通往成功的道路。如此，我们才有可能持续、稳定地做出成果。

流程化、习惯化

这次，通过对精英员工的调查，我认识到了流程化的重要性。精英员工在自己取得成功时，会总结梳理流程。总结后，还会有意反复多次操作，尽可能内化为自己的习惯。流程化、习惯化，不仅是通往成功的近路，还会缩短作业时间。

不过，不要理解为“绝对按照流程作业”。精英员工通常都会努力探索是否还有更好的方法，每天追求更新、进步。虽然已经获得了很高的赞誉，但他们不会满足于现状、故步自封。因此，他们养成每天调整行动、回顾总结、进一步寻求改善的“行动实验”习惯。如果不能像他们那样，拥有“想要做得更好”的想法，就会停止成长；如果不持续进行行动实验，就只能成为“只会重复做一种工作的人”，而不是“具有再现能力的人”。

完成再现性要求高的工作谈何容易。正因如此，屡屡稳步取得成功的人才更值得信赖。稳步、持续取得成功的同时，致力于自身成长，这就是精英员工。

特点 5

设定停下来思考的时间

✓

定期回顾总结，寻找改善点

×

每天都被工作追赶，没有多余时间回顾总结

留出时间，回顾总结

精英员工会留出“用来回顾总结的时间”。作为公司王牌员工，他们本来就有很多工作和会谈。如果再加上推进工作方法改革，不少公司的工作很容易集中在那些积极活跃的员工身上。在繁忙的日程安排中，他们仍会每 2 周把工作暂停 1 次，挤出时间用来思考。精英员工在回顾总结上花费的时间是其他员工的 8 倍。

精英员工中，花时间回顾总结的占了 48%；普通员工中，花时间回顾总结的只有 6%。

为什么这么忙？哪些业务可以优化？哪些业务是在浪费时间？……定期内省，把察觉或学习到的经验运用到下次行动中。回顾时间大多是 15 分钟，最长 30 分钟。星期五晚上、星期三早上、上班或出差路上，在这些时间段里都可以回顾总结。在学习、反省的基础上，改变行动，避免再犯同样错误，如此，通过自我改善，不管是工作动力，还是大家对自己的评价，都会提高。

PDCA 实践

如果我们对过去进行回顾总结，就能找出哪部分做得较好，并梳理清楚这部分业务带来了哪些成果。不仅如此，我们还能从过去的经验中学到更多内容，从而避免再犯同一种错误。

我曾作为微软品质责任人，处理过 500 件以上道歉访问业务。通过那段难过的时光，我认识到了自我回顾总结的重要性。在飞往美国西雅图公司总部长达 10 个小时行程的飞机上，我怀揣着重大项目，压力重重，面对即将到来的交涉，总是满肚子心事。不过，从西雅图返回日本时，多数情况是问题已经得到解决，心情轻松舒畅。当然，偶尔也会出现问题没有解决、暂时不能回国的情况。不过坐在返回日本的飞机上，我总是感到充实、幸福。精神不再处于紧绷状态，就能轻松愉悦地腾出时间，对本次问题的解决方法、顾客心声和严厉指正做一个回顾总结。

我对时差比较敏感，返程路上睡不着觉，就一杯接一杯地喝咖啡、看书、观看下载好的足球节目……放松身心的同时，还会对一系列问题的解决步骤进行梳理总结。在这段内省的时间里，肯定会做的一件事就是记笔记，为灵活应用到下次行动做准备。

精英员工同样如此，通过自己反复钻研、不断创新，最终达到目标，得到认可。因此，为了确认自身行动是否达成目标，有必要进行内省。并不是想要得到大家的认可，而是用自己的价值观衡量、检测，自我认可。通过回顾反省，避免再犯同样错误。

精英员工普遍胆小谨慎。正因如此，他们才会更加认真地制定避免失败的对策。

他们认识到 PDCA 循环[1]的重要性，并主动实践 PDCA 循环，这并非迫于公司或上司的指令，而是为了自身成长。如何分配时间、如何与人交往、如何构筑想法……精英员工的特征表现在方方面面。这些特征绝对没有什么特别之处。只要留意改变行动，这些都是水到渠成、自然而然的事情。

1 PDCA 是英语单词 Plan（计划）、Do（执行）、Check（检查）和 Act（行动）的首字母组合，PDCA 循环就是按照这样的顺序进行质量管理，并且循环不止地进行下去的科学程序。——译者注

特点 6

从经验中学习

✓

通过积累实际工作经验，掌握更多实践技能

✕

通过取得资格认证、集体研修学习，锻炼技能

要求行动 + 经验

具有行动力的精英员工，会积极主动地推进事物发展。主动行动，可以理解为通过自身行动带动大家一起行动，自发参与。需要注意的是，执行别人的命令或者迫于事物要求的行动称不上“具有主体性”，也不会被认为“具有行动力”。重要的是，自己要主动站在事物的起点，并给周围带来好的影响。要带动大家一起迎接重大问题并最终达成目标，如此，工作中的行动力才会被作为优点，得到大家认可。如果不够积极主动，则会被大家认为没有行动力，缺乏主见，容易随波逐流。

有行动力的人，对任何事物都保持好奇心，积极挑战新事物。面对新事物不犹豫，具备“先尝试”的精神，就有可能得到大家认可，被认为行动力强。挑战自己从未经历过的新事物需要勇气和精力，有不少人都不喜欢挑战未知领域。因此，很多时候，只要果断发起挑战，积极面对，不管结果如何，都会得到大家的赞赏。如果行动的最终结果是成功，当然会获得更高评价。

拥有灵活运用经验的行动力

可以说，员工能力的提高70%以上都源于工作现场的经验。做任何工作，都需要经验。不管经验好坏，都能尽其所用。换工作时，即便以前的工作经验和现在的工作完全不搭边，还是能派上用场、灵活运用，可以说这是精英员工和其他员工的一大区别。精英员工认为成长大多发生在日常工作中。不管是继续留在原来的岗位还是调到公司其他部门，都是如此。

假设你要从营业部调到人事部。这时，你会赞同以下哪个观点："营业部和人事部的工作截然不同，以前的工作经验派不上用场""灵活运用营业部的工作经验，努力构建新的人力资源"。不同的认识，带来的结果也完全不同。

精英员工都能让以前积累的经验派上用场，迈步进入下一个篇章。他们会灵活运用在营业部学到的交际和快速制作资料的能力，即便调到人事部门仍会尽力取得成果。虽然是两种完全不同的工作，却也更加激起了他们的斗志。无论如何，"以前的经验没有白费"这种想法，也会帮助自己提高积极性。为了从经验中学习，必须设定关键点。精英员工会确保内省时间就属于其中一个关键点。比如，只要启动关键点检查功能，认认真真工作，不仅能取得成果，还能在遇到麻烦或突发情况时应对自如，避免酿成大错。

诚然，认真工作也会得到大家的认可，然而，如果遇到突发情况无法正确应对，就不会被委以重任，而且将来也无法成为管理层的重点人才。

而精英员工恰恰是可以灵活应对麻烦和突发状况的优秀人才。遇到突发情况，他们也不会乱了手脚、陷入恐慌，而是保持绝对冷静，在理智分析事态的基础上，打开当前局面，考虑应对问题的最好办法。如果团队中有这样一位善于应对变数的员工，那么，他肯定能成为值得大家信赖的组员。从上司的角度考虑，也会认为“只要他在，就能放心交代工作”。

精英员工之所以获得大家的认可和上司的信任，根本原因就在于具有灵活的应变能力。

特点 7

工作任务完成 20% 时，就征求意见

✓

在早期阶段被指出哪些地方需要改善，既节约时间，又能减轻压力

✕

提交任务后，才开始修正

重视意见反馈

精英员工在和对方聊天时会观察谈话氛围和对方感受，适时切入。他们说得最多的一句话是“这会儿有空吗”（在第三章中有更多详细介绍）。谈话对象包括上司和客户。精英员工为了在交付期限内提交超出大家想象的高质量资料，会在工作过程中竭尽全力缩短和对方的认识差距。

在调查中，当我们问到“你认为长时间工作的根本原因是什么”时，普通员工中有 81% 的人将其归结为“早会”“例会”等外因，很难感受到他们率先寻求自我改善的态度。而精英员工中有 69% 的人给出的是自我反省回答，比如“失去订单”“煞费苦心制作资料”等，这些回答是普通员工的 3 倍以上。在精英员工给出的这些回答中，让我们印象最为深刻的是“驳回”。大家都知道，难得花费时间完成工作，却被告知要重新做，这就意味着做的是无用功。在精英员工看来，之所以会出现“驳回”，是因为和对方存在认识分歧或不一致。即便事先充分协商，还是会产生误解。重要的是在提供细节内容前，先让对方看到成品。精英员工会设定回顾总结时间，甚至还会把获取对方反馈意见的时间同样列入计划。一旦收到客户或上司的反馈意见，他们就会在这个基础上进行调整改正，尽力让双方达成共识，并最终做出成果。

如此这般，通过在业务推进过程中倾听对方意见，也能让对方切身感受到自己和业务流程同样息息相关。并且，还能让对方感受到自己的意见也反映到了作品成果中，从而产生这也是“自己作品”的认识。如果能让客户或上司把这些成果当成自己的作品，便更容易得到对方认可，进而产生一体感，建立良好关系。

提交资料或送达货物后，请务必收集反馈信息，听一听来自对方的感受或改善建议。我曾经浏览过一位精英员工的工作笔记（是在叫作“Evernote”的笔记软件里写的工作笔记），里面罗列着客户的反馈意见。因为精英员工知道，通过对这些反馈意见认真反省，把改善点应用到下次行动中，就会在更短的时间里取得更好的结果。

要想提高这方面的交际能力，把提案拿给导师或令人尊敬的前辈过目，聆听他们率直的反馈意见，不失为一个上策。如果把提案拿给自己的直属上司，则有可能听不到直截了当的意见。也就是说，心态放松，即在不怕说错的安全心理状态下，能更加率直地指出自己哪些地方需要改善，这样收到的效果也更好。在这个过程中，即便收到负面评价，也不用泄气郁闷。只需把从中学到的经验教训应用到下次活动中即可。我们在每周的方案设计中，也会收到一些措辞严厉的指正，调查中也有可能收到差评。这时以积极的心态看待问题——“竟然发现了自己没有觉察到可以改善的地方！”——这样，就会欣然接受。

从经验上来说，只收取好的反馈是很危险的。对方或是碍于情面，或是关注程度不够，给出的反馈意见不足以支撑PDCA原则的应用，这样工作成果自然就少。

特点 8

保持输出习惯

✓

有意创造一些发表见解或学习成果的机会，在公司内外都有影响力

只顾埋头输入，不能灵活应用学习成果

积极发表见解

通过在不同场合踊跃发表个人见解，可以萌生出新的创意，以此为起点创造出更多商业机会。另外，发表见解的人通常还会被大家认为“思维活跃，擅长表达想法”。不管你如何深思熟虑、有着自己独特的见解，如果你不“输出”，就有可能给人造成“不积极思考”的错觉。

通过调查不难看出，精英员工虽然最终会拿出好的创意和策划，但实际上，他们并非确实“有着优异的创造力”。正因为并不认为自己有多么优异的创造力，他们才会积极与人沟通、征求意见，才会更加积极地去想办法，而不是首先纠结办法的好坏。

创新来自既有要素的“重新结合”

把有不同经验、不同特质的成员组合在一起，他们的思想碰撞就会产生创新。因此，重要的是要让具有不同价值观的人参与进来，另外，还需要具备能经得住反复试错的忍耐力。精英员工都明白这个道理，所以他们会主动拓展人脉，反复尝试，回顾总结，并灵活应用到下次行动中。

把所思所想毫不犹豫地表达出来，这也是精英员工的特征。

或许我们都曾有过这样的经历，当有人问我们“有什么好办法”时，我们反倒说不出个一二三来；但如果对方明确表示“大家可以畅所欲言，想到什么就说什么”，就会涌现出很多想法。这样一来，虽然也会混杂一些乱七八糟的点子，但筛选后总会发现一些亮点。所以，如果有这样两种策划会议，一种是在会议开始设置 2 分钟闲聊，另一种是直奔主题、开场就让发表好的创意，通过 AI 分析，发现前者涌出的创意办法会更多。

精英员工通过直觉能够感知到这些，所以，他们能持续不断把一些策划或想法用语言表达出来。使用 AI 分析他们的发言时会发现，他们把好多想法都化作语言表达了出来。他们想出来的办法是普通员工的 2 倍之多。这样，在所有发表出来的创意中，总会有比较优秀的，当有人捕捉到这些点子时，就有可能把它们体现在最终的新业务或成果上。如此累积下来，精英员工的成果就会越来越多，越来越好。

学习内容的输出

同一种内容，不管反复学习多少次，遇到紧急时刻还是会突然卡壳，这样的事情时有发生。因为对于那些只是听过或见过一次的信息，人的大脑并不会确切记住多少。只有通过多次“输出”，才会渐渐扎根。

精英员工普遍喜欢做笔记，也是出于这个原因。他们通过写、说、行动等“输出”把学到的内容化为己有。

经常有高品质输出的人，不管是在职场还是业界，都会得到大家的认可，在公司内外的市场价值也会得到提高。或是以个人名义拓展工作，或是出版自己的书籍，或是成为 YouTuber[1] 挣些外快……在各方面持续输出，同时拥有多个收入来源的人越来越多。通过个人、工作、洽谈、演讲等各种场合的“输出”，把学到的内容化为己有，让自己变得更加优秀。你也一起来试试吧，在书上学到的知识、健身塑形或美容方法、烹饪等日常“内容”，都可以不断地“输出”。

1 YouTube，国外视频发布平台，类似国内视频自媒体。YouTuber，即这个平台上的视频发布者。——译者注

特点 9

制造笑脸连锁反应

✓

分享愉悦心情，和周围的人亲切交谈，打成一片

认为只要表情严肃地要求对方、下命令，对方就会行动起来

本次调查中还使用网络摄像头分析了精英员工的表情。

通过 AI 对视频进行感情分析，把他们的表情分为愤怒、轻蔑、厌烦、恐惧、喜悦、平淡、悲伤、惊讶 8 个类别。精英员工的喜悦指数明显较高，笑脸概率比普通员工多出 1.4 倍。在后来包括普通员工在内的进一步调查中，女性素颜笑脸占了 47%，而男性只占 25%。40 岁以上的男性笑脸不足 20～30 岁男性的 1/3，不足全年龄段女性的 1/4。

精英员工关心最初 5 秒的印象

精英员工懂得“伪装”。为了达到目的，他们会逐渐影响、带动更多的人。大家知道，露出笑脸，就会给人增加好感。其中，在流通公司上班的精英员工如是回答：“如果没有笑脸，就会有损失。”集中注意力工作时，不由自主就会额头紧锁，嘴角下垂，像是不开心似的，同时肩部用力，后背拱起。这种情况下，人们的表情就是一副拒人于千里之外的模样，严重程度超出自己的想象。明明只是集中注意力，却让人觉得“不好说话”“看起来脾气臭，不想和他一起工作”“那个人不怎么好搭话”，结果成为建立团队合作关系的壁垒。另外，在其他调查中还发现，和初次见面的人一起工作，见面后的前 5 秒就会对此人是否值得信赖做出判断。所以，比起没什么笑脸的员工，笑脸较多的精英员工更容易增加伙伴。

用笑脸“说话”

精英员工非常重视第一印象。因为他们知道，在工作中要想抓住机会，第一印象尤其重要。诚然，像精英员工一样提高自身交际能力或许需要花费一些时间。不过，露出笑脸，从现在你就可以开始。我们能切身感受到，面对工作，保持微笑，给人留下好印象，就能顺畅开展工作。只要有 1 个人露出笑容，周围的人也会跟着露出笑容。在会议开头，如果插入 2 分钟闲聊，露出笑脸的人会随之增加。没有了心理戒备，会议上冒出来的创意也会增多。

话虽如此，倒也没有必要刻意让别人发笑。相比之下，还是“自己保持微笑”更为重要。只要自己露出笑脸，笑脸传递下去，对方也会跟着露出笑脸。例如，销售者和客户洽谈业务时，如果自己“想要卖出去”的心情和对方“不愿随意购买”的心情针锋相对，空气中就会弥漫着火药味，洽谈也不能顺利进行。而如果在洽谈开头先闲聊几句，并努力露出微笑，使气氛得到缓和，对方就有可能萌生“要不然这次就把我内心的顾虑如实告诉他”的想法。

在做零售业的客户公司中，我们咨询了那些取得优秀业绩的销售员，得到的回答是“锻炼闲聊能力”。为了缩短和顾客之间的距离，可以在平时记下一些闲聊话题或小知识点，在拜访客户时作为开场白使用。“稍微聊些和工作无关的话题，就能打开对方的心扉。”他们满面笑容地给出这样的回答，让我至今印象深刻。

露出笑脸，也可以让自己变得轻松起来。

特点 10

明白准备工作
决定最终结果

第二天要做的事务，
前一大就列好清单，
第二天早上，就能有
一个很好的开始

加班到深夜，疲劳还没
得到缓解，第二天早
上又匆忙投入工作，
不能有一个好的开始

人并不完美。

所以，人与生俱来就向往“轻松舒适”，这仿佛已经成了大脑中的一个固定设置。

精英员工清楚明白自身的弱点，为此，他们会制定专门对策来应对自己的弱点。为了提高成功的可能性，精英员工在开始行动前，会事先确保留有时间修正行动，以此作为工作进展不顺利时的对策。

普通员工中，有 89% 的人业务一旦进入轨道，就会仅凭氛围好来认定“必然会取得成功”，一味闷头前进。而精英员工则是把握顺利进展过程中的成功因子，抱着“在下次行动中是否可以重现”的想法付诸行动。

精英员工做的 3 个准备工作

精英员工在行动前会明确目标，快速行动，而不会把手段、方法当成目的。通过对精英员工的调查，我们发现他们在行动前会做好以下 3 个准备工作——“自行设定踮起脚尖能够达到的目标”“目的明确”“行动速度”。这些都是可以在行动前自我控制的。

“自行设定踮起脚尖能够达到的目标”，是指为了减少不能完成目标的风险，他们会自行设定一个比既定目标稍微高一点的目标，然后身体力行。如果目标过高，就容易受挫，积极性也会下降。而自行设定一个踮起脚尖勉勉强强能够达到的目标，朝着这个方向开始行动，即便多少有些变化，最终达成目标的概率也会有所提高。“目的明确”，是为了避免把手段、方法当成目的的对策。“行动速度”，是指设定期限，付诸行动，这是提高效率、避免延期的对策。

把需要做的工作列成清单，方便事先确认

到公司后再确认“今天要做什么工作”的员工，和提前便对自己要做的工作有所把握，上班后很快着手的员工相比，会存在时间差。也就是说，擅长工作的人，会对自己当天要做什么工作“提前”并“事无巨细”地全面把握。一般我们会使用诸如“待办事项”等管理方式，但具体操作方法却因人而异，种类繁多。比如，通过笔记本软件或智能日程管理软件等对工作清单进行管理。

如此这般，精英员工通过自己的管理方法，把需要完成的工作提前列成清单。比如今天要做的事项，前一天他们就已经做到心中有数了。根据优先次序，这些工作可以分为紧急度高、在期限内完成即可、没有特别的期限等种类。如果把它们单纯按照时间轴列出来，按照优先次序来做，倒也不怎么辛苦，但优先次序是时刻变化的。

另外，工作当中还会出现突发情况或意料之外的事情。精英员工会准确捕捉到这些情况的变化，灵活、恰当地调整、重组工作清单。正是因为事先规划好了日程清单，他们才能够轻松调整。

精英员工都属于提前类型

调查结果显示，精英员工在每个工作日的 19 点前后，业务量出奇的少。我们分析了员工从早到晚一整天的工作方法，发现普通员工在临近下班时会格外繁忙。即便普通业务是在 17 点半结束，下班前，他们也会忙着处理各种尚未完成的工作、准备第二天提交的策划、完成经费计算等等。最近，执行 20 点之前熄灯的公司逐渐增多，很多人甚至跑步前进，努力赶在这个节点前完成任务。

而精英员工业务量最多的时候是上午。到了傍晚，他们当天需要完成的工作已全部收拾妥当，几乎总能准时、快速下班。

减少 3 个损耗

为什么他们可以做到这些？通过调查我们发现，精英员工不管做什么工作，都会事先了解，尽早准备。

制作资料前，如果第二天即将面临难度较大的洽谈业务，他们就会在前一天做好调查准备工作，并提前写好要给客户发送的邮件，保存为草稿……他们知道，如果是当天或事情到了跟前才意识到“现在得赶紧开始”，慌慌张张着手，工作质量势必下降。他们会提前做准备，减少“焦虑损耗”。

另外，我们还发现精英员工有早上集中精力做重要工作的习惯。因为早上邮件、电话、会议相对较少，人们可以按照自己的想法安排日程。也就是说，精英员工明白早上这段时间他们可以不受打扰、全力投入工作。如果中午过后才想到“现在该沉下心来着手工作了”，往往会冒出一些出其不意的业务：收到委托新工作的邮件，接到客户来电，时间被浪费……从而造成“集中力损耗”，然而，精英员工却几乎完全不会有这种情况。还有，午饭后——特别是 15 点前后，血糖值会有所下降，人的注意力降低，工作状态也会变差。通过调查发现，在这段时间里，精英员工会做些诸如精算等不怎么费脑的常规业务。把“工作状态损耗”控制在最低，不怎么用脑的业务放在 15 点前后来做。

这种时间安排方法，从医学角度看也是合理的。

我在微软公司供职时，曾担任“行政部门培训师”职务，其中一个业务就是血糖值管理。这项业务旨在帮助员工在 9 点到 17 点的上班时间能有最好的发挥，尽量减少血糖值变化，保持最好的工作状态。比如，早上在蛋白质和适量糖分的作用下，身体较为温暖；10 点吃点苹果；中午以蔬菜和蛋白质为主，饭后喝点矿物质水或者咖啡；然后，在精力有所衰退的 15 点再吃点坚果和水果干……做一些诸如此类的饮食规划。早上精力好，下午也不必勉强，一点点调整状态，从医学角度来看，这就是“最能提高工作效率的行动”。

虽说也会有人追求“工作运动健将”般的坚忍克己，然而，精英员工却并没有这样做。他们会在早上集中处理更具有创造性的工作，到了下午比较容易犯困的时间段，也不会刻意勉为其难。其实，从“效率”来说，这种做法是非常正确的。

想要做出比别人更多的成果，不仅需要管理好我们的身体状况，另外，不打瞌睡、在思考停滞时不勉强，这两点同样重要。

桌面干净

你有没有过这种情况：突然要开始着手某项工作时，手头却没有资料。在需要的时候，却找不到所需物品，就会造成时间浪费。只是一两回倒也罢了，如果每次都得现找一番，累积起来，也是一笔不少的时间财富。把时间用来寻找所需物品，自然谈不上什么生产效率。

考虑到时间的合理性，有必要把这个浪费缩减为零。这就需要我们时时刻刻都要保持井井有条的状态，不仅包括桌面等物理空间，电脑桌面等也需要收拾得秩序井然，这同样也是准备工作中的一个环节。

第三章

最强团队日常用语

日常用语 1

“这会儿有空吗？”

✓

关心对方，轻松沟通

×

觉得会被人轻视，避免和人沟通

问到职场中人际交往最大的烦恼是什么，我想，大家给出的回答肯定是“必须与不怎么合得来的同事打交道”。

只要参与工作，就一定会存在团队内部意见或想法不一致的情况。在这种情况下，精英员工总是可以乘风破浪，很好地解决这一问题，甚至还会增加更多伙伴。和那些利害关系不一致的同事相处，他们也可以顺利建立合作关系。

或许你会认为擅长建立人际关系的，肯定都是积极外向的人，但出乎意料的是，精英员工大多性格内向。他们不是靠一张嘴笼络对方，建立表面人际关系的，而是会构建有意义的深度人脉关系。我们要主动结交的是那些愿意帮助自己成长、支持自己、在任何场合都愿意伸出援助之手的人。

我们就在公司如何和同事建立人际关系这一问题展开了调查。结果发现精英员工擅长的是和同事保持适度距离。他们会在不至于引起对方不快的前提下，若无其事地和同事打招呼。即便没什么特别重要的事情，也会偶尔和对方搭话，主动关心对方的工作状况。

当然，如果自己正忙的时候有人过来搭话，妨碍工作，谁都会厌烦。精英员工当然不会这样做，他们会首先观察对方的情况，选择对方稍微有些空闲的时间段，用“这会儿有空吗”这句话轻松打开话题。

沟通时面带微笑，微微点头以示倾听。即便很长时间没有互相联络，只要轻松搭话，表达出“想知道你现在怎么样”的心情，把对对方的关心和关注展现出来，对方就会很开心。

就“工作的意义”问题，我们对自 2017 年 2 月至 2019 年 12 月所有客户公司的 16.3 万名员工展开了调查。在此项调查中，我们把工作的幸福感也归为广义上的“工作的意义”。

调查结果显示，约 80% 的员工给出的回答都是和以下 3 个关键词相关的内容：“得到认可时”“完成任务时”“自主自由时”。特别是“得到认可时”的相关回答最多，此外还有“收到感谢时”“有人对自己说声‘谢谢’时”“得到好评时”“被上司的上司叫出名字时”等各种各样的回答。人作为社会性动物，在本能上就期待得到别人的认可。

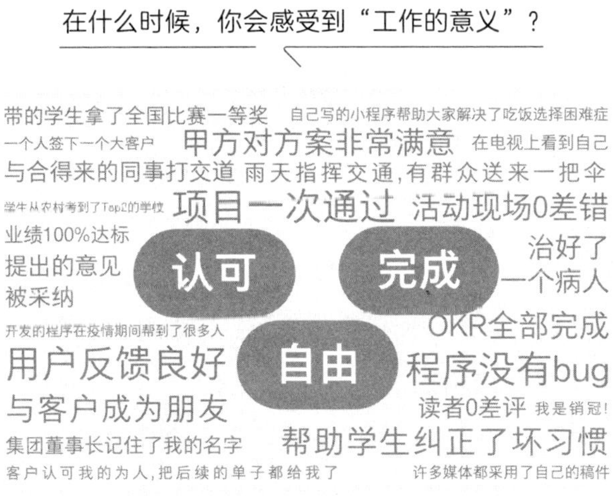

在什么时候，你会感受到“工作的意义”？

带的学生拿了全国比赛一等奖
自己写的小程序帮助大家解决了吃饭选择困难症
一个人签下一个大客户
甲方对方案非常满意
在电视上看到自己
与合得来的同事打交道
雨天指挥交通，有群众送来一把伞
学生从农村考到了Top2的学校
项目一次通过
活动现场0差错
业绩100%达标
提出的意见被采纳
认可
完成
治好了一个病人
开发的程序在疫情期间帮到了很多人
OKR全部完成
用户反馈良好
自由
程序没有bug
与客户成为朋友
读者0差评
我是销冠！
集团董事长记住了我的名字
帮助学生纠正了坏习惯
客户认可我的为人，把后续的单子都给我了
许多媒体都采用了自己的稿件

对 16.3 万人进行的“工作的意义”调查

在另一项调查中，我们询问了3817名员工“工作过程中，什么时候会感到不安、不满”。17%的人给出的回答是“觉得上司或同事看不起自己时”。我们发现给出这一回答的员工主要集中在特定几个部门，所以我们又进一步做了深入了解。结果出乎意料的是，几乎没有任何一个员工会小看自己的同事，不仅如此，对同事报以尊敬态度的员工大有人在（这是在严格保密前提下给出的回答，所以，我认为这些回答应该都是真心话）。

那次调查后，在一次学习心理学时，我发现原来很多时候“被人小看”的感觉是源于感情一致效应。总觉得“别人看不起自己”，就会自然而然从别人的只言片语中捕捉那些自认为受到了轻视的信息。因此，很容易陷入闷闷不乐、疑神疑鬼的状态中无法自拔。不过，也有不少人是不知不觉就会站在受害者位置的，据说这类人有时还可能会对周围的人产生敌意，破坏小组团结。

为了突破“被轻视妄想”难题，我从行动心理学和交际学入手，进行了多方调查考证。和专家探讨的结果是，“扎荣茨效应”或许可以作为解决方案。以此为假说，我们进行了以下实验。

扎荣茨效应，又叫作单因接触效应，是指多次和某人接触，会提高对其好感度的一种心理现象。我们知道面带微笑聊天也会提高扎荣茨效应，因此，在调查中，我们给存在问题的4家公司提出了一个小小要求，即每2周上司要和全体员工进行15分钟的一对一谈话。虽然也有人不乐意，但67%的员工还是参与了这项调查。

这项举措实施了2个月后，那些以前“感觉上司或同事看不起自己”的人，78%都给出了这样的回答：“是自己想错了。”实验发现，随着交际次数的增加，一些无谓的心思、过剩的顾虑也会随之消失。顺带说一下，参与实验的4家公司在实验结束后，仍然每月实行“上司和下属一对一谈话”，甚至将之写入公司规定、纳入人事评价，如果哪个部门有所懈怠，还会被扣分。至此，继续实行1年以上的4家公司，员工满意度调查结果较前一年上升了18个百分点。有的公司甚至提高了30个百分点。另外，增加交际次数方案，还会产生减少公司会议时间、提高客户满意度等一系列连锁效应。

要想团队人际关系协调，就需要我们即便没什么特别重要的事，也要适时和同事聊聊天，表达一下关心之情，积极构建良好的人际关系。精英员工不管知不知道这个效应，也会经常使用“这会儿有空吗”这句话打开话匣子。随着这种轻松的交流方式在团队中渗透，不仅能提高工作意义和满足度，还会给业务带来正面影响。

日常用语 2

“你说得对，不过，我是这样考虑的”

✓

让对方心情舒畅的同时，阐述自己坚定的根本价值观

✕

受常识局限，停止进一步思考，避免意见冲突，做彻头彻尾的“老好人”

全是“好人”的团队不是好团队

团队里全是“好人”，是一件危险的事情。因为这些人一味顺从团队规定，从不考虑“为什么必须这样做”，思考停滞不前，被团队指令卷裹着随波逐流。

过度的揣摩和顾虑还会导致长时间劳动。我们的客户公司每年制作的资料有 23% 都来自过剩顾虑。制作“看似重要”的资料、为了讨好对方增加资料页数……到处都能看到诸如此类没有意义的业务，实际上却根本不会用到。

另外，全是“好人”，还有可能卷入组织层面的不正当行为中。“好人”习惯以社会常识或道德为判断标准，容易跟着感觉走，感情用事。对所有事物都不假思索盲目信从，就会失去自己的价值观。结果只能被动接受，承担自上而下同一步调的压力。

“好人”还有一个错误的认识，他们认为“自己遵守社会规则，是大家眼中的模范”。在这些“好人”眼里，精英员工就是另类般的存在。对于“好人”来说，那些热爱自由、重视成果胜于条框和过程的精英员工，有时简直就是他们的绊脚石。他们会使用“一般情况下做不了啊”“这不是常识嘛”之类的语言，力争抑制精英员工“出格”的言行。他们喜欢随大溜儿、中规中矩，不接受多样性。一旦有人表现突出，像精英员工一样取得优异成果并受到好评，那些没做出什么成果的“好人”就会感觉自己的地位受到威胁、个人相对价值下降，甚至暗中给他们下绊子。

这些“好人”还会尽量避免和别人产生摩擦。即便和大家意见不同，也会迎合对方，唯恐产生冲突。自己不站在风口处，对于这些“好人”来说，这样工作更加轻松快活。不过，如果总是这样，大家就会认为“他是怎么考虑的，我们总是摸不到头脑”，结果“好人”变成了“老好人”。

如果大家都变成“老好人”，那么公司在启动新项目时也就听不见声音，原本的活力也会消失殆尽。

避免摩擦，就不会做出成果

摩擦是必须的。新事物都是在和不同事物的摩擦中产生的。整齐划一的同事之间互相迎合是不会产生“化学反应”的。

20 多年前，我还是个刚入职的新人，所在的那家通信公司就不允许产生摩擦。当时，公司产品和服务尚且强大，员工只需老老实实按需供给就会得到好评。另外，评估纯粹依赖直属上司，员工受不受上司待见，通过考核成绩就可窥见一斑。那时，取得优异考核成绩的往往是这种员工：如果上司让去买甜瓜，即便是半夜，也会打出租车去买。以此获得好评的人，却不具备在公司外部活跃的能力。

如今，市场和顾客都发生了改变，人事评价标准和方法也发生了相应变化，即便如此，在很多公司里，按照以前的惯例做事的“大叔”仍不在少数。不主动迎合团队，仍有可能被冠以“麻烦家伙”的称号。

不过，当遇到重大情况时，却有可能被点名，“那个家伙是有点怪，但或许会有好点子，不妨叫过来问问”。如此这般，机会就转到了取得成果的精英员工身边。

让对方愉快答应的交流方法

坚持己见、强力说服，大家反倒不会接受。排名前 20% 的年轻员工，大多持有“应该论调”：“这个绝对奇怪，应该这样做！”但实际情况是，他们如此强调自己的想法，却很难得到大家的认可。

精英员工表达想法时，当然不会忘了考虑对方的感受，也不会忘了表达感谢。他们发言时，心里会始终绷着一根弦：时刻想着“怎样才能让组员心情愉悦地参与合作”。他们懂得交流的关键点。另外，他们还会率先提议要支持组员，并在实际行动中不遗余力地协助组员。这也是精英员工的另一个特征。

也就是说，在日常工作中表现出来的协助态度会成为基石，在以后必须坚持自己意见的关键时刻，能让自己顺利得到大家的赞同。

对于方案和建议，很多普通员工期待的是得到大家的“一致同意”。稍微有点不同意见，就会陷入沮丧，仿佛连同自己的人格都被否定了似的。有人甚至还会为此勃然大怒。过于追求完美的人，会倾向于躲避摩擦。

精英员工在主张自己的想法时，会准备论据和逻辑，用来专门应对持反对意见的人。肯定别人的意见，比完善自己的想法更加需要冷静的态度和广阔的视野。因此，他们采取的方法是先接受对方的意见，“确实如此”，然后再主张自己的想法：“我是这样考虑的……”像在公司这样的团队中，很少有只需员工一己之力就能完成的工作。因此，在多大程度上得到大家的协助，就成了判断一个人能否顺利开展工作的重要指标。

也就是说，优秀员工都有一个共同特征：擅长向别人请求帮助。靠一己之力完成所有任务的工作少之又少，多数工作都和周围的人存在这样那样的关联，要在大家的相互协调下，向前进展。

和持有不同意见的人坦然相对、开诚布公，必须有着坚定的价值观和判断标准。取得突出成果的精英员工有着普通员工没有的坚定信念和价值观。和普通员工不同的是，精英员工充满自信，并且有着强大的信念。一旦做出决定，就不会动摇。这也是精英员工和普通员工最大的不同。

避免思维僵化，保持怀疑精神

精英员工会通过反复“自省”，锤炼自己的价值观。在这个价值观基础上，质疑大家习以为常的认知或道德观念。比如，可以从“No”的角度来考虑大家都认为“Yes”的事情。从多个角度进行考虑，寻找根源、依据，并最终确认是否符合自己的价值观。

看新闻时也要保持这样的视角。如果你听到这则新闻：“新冠肺炎疫情导致卫生纸短缺”，首先要想到的是“此话有何依据”。

读书也是如此。如果你想买辆车，你需要了解的不是“如何选车”，相反，要读一读“不要买车”之类的书。这样，你能捕捉到只考虑“买车”时没有觉察到的风险，反倒了解了购买满意度更高的车的方法。

日常用语 3

“不错”“对”“确实很棒”

认真表达感谢

在这次调查中，我们了解到精英员工表达感谢的次数是普通员工的 3.2 倍。

精英员工经常会自然而然地和周围的人说声“谢谢”。特别是 5% 的管理层，表扬下属的次数是普通管理层的 4 倍以上。大多是些认可、感谢、慰劳的话。因为他们知道被大家认可是件很高兴的事，所以他们很乐意传达这份喜悦。他们会自然而然地把“谢谢”挂在嘴边，而不是讨好对方或有所企图时才想起。

与此相对，单纯只看排名前 20% 的员工，他们说“谢谢”的次数要比普通员工少。在之后的进一步交谈中，我们大致了解到精英员工格外谦虚，而“前 20% 的员工”则大多像一匹充满自信、骁勇善战的狼。“前 20% 的员工”或许能够做到最大限度发挥个人能力，但作为团队，要想做出最大限度的成果，就需要精英员工简单的思考方法和行动。

每个人都希望自己拥有优秀的能力，如果受到激励，他们就会抱着“自己也能做到”的信念积极进取，动力十足地应对新挑战。我们以 12 家公司 8000 名员工为调查对象，设定了固定时间段，让员工在这个时间段有意多说一些“谢谢”。通过面对面、发信息或者企业聊天工具等渠道，把感激之情用语言更多地传递出去。即使刚开始不好意思直接说“谢谢”，也一点点适应张口表达，大家彼此影响，说“谢谢”的人越来越多。

有趣的是，在“感谢周”结束后的调查中，63% 的人给出的回答是“收到了意料之外的感谢”。也就是说，即便心怀感激，如果不用语言表达出来，对方也很有可能感受不到。受到别人的感谢和认可，幸福指数就会升高，积极性也会相应提高。当然，没有任何根据的表扬没有意义。不必要的表扬只会让人得意忘形，不知反省。

我们在某精密器械制造厂就“认可和表现”之间存在什么关系进行了行动实验。实验中，任意选出 12 名员工作为调查对象，让周围 79 名同事有意把日常工作中的感激之情表达出来。当然，我们并不会把实验内容告诉这 12 名调查对象，而是让其他员工在走廊与他们擦肩而过时，通过闲聊随口说出“谢谢上次对我的支持”“那次的资料帮了我大忙，谢谢”。诸如此类。在这个基础上，追踪调查 12 名员工的行动是否有变化。虽然不能做到实验条件完全相同，不过我们还是可以大致了解到 12 名员工的行动变化。

和以前相比，较为突出的变化是，他们回复邮件或消息变快了，制作资料的时间缩短了 9%，休息时电脑处于关闭状态的时间增加了 13%，交际圈人数增加了 20%，早上上班时间提前了 18 分钟……在进一步调查中我们了解到，在关闭电脑的时间段里，他们会选择和同事聊天，或者暂停手头的工作进行思考。另外，交际圈人数的增加，有可能是他们叫上对自己说“谢谢”的同事一起去吃午饭了。甚至，12 名员工身边的同事也受此影响，“发牢骚的次数都减少了”，能看出来，大家都在心情愉悦、集中精力认真工作。虽说实验过程中存在变数，不能一概而论，不过还是能看出来 12 个调查对象中有 10 个人在收到别人的感谢后，会变得更加积极，主动和更多人联系，集中精力投入工作。

从这个实验中，我们可以确认这个假说是成立的：感谢和认可能引起良好的心理效果，并对业务处理带来正面影响。

多用肢体语言

除了语言之外，姿势也能表达认可和共鸣。比如拍手和点头。

精英员工在倾听对方说话时也会相应做出姿态变化。他们通过手势、头部动作或表情来倾听对方谈话。在倾听过程中，他们比普通员工有更大的姿态变动，所以在众人里会更加引人注目。另外，他们聊天时还会让肩膀正面朝向对方，身体适当前倾，轻轻点头，微微含笑。耐人寻味的是，如此一来，对方也会渐渐露出笑容，像精英员工一样轻轻点头，心情愉悦地与人聊天。

重要的是了解对方，是对话，而不是传达。很多人做不到这一点，特别是日本人，聊天时很少推心置腹，很难理解对方的反应。因此，请使用有效的交流方法，适当察言观色，通过对话，逐渐打开对方的心扉。

提高下属干劲儿的上司

优秀的管理层会更多地表扬下属，这和是否取得成果无关，而是出于他们有使用语言充分表达的习惯。心里这样想，却没有说出口，对方就不可能知道。面对下属，擅长感情表现和语言表达的管理层更有可能激发下属动力，让下属有更好的表现。有些团队研究专家主张“没必要提高员工积极性”。确实如此，又不会取得成果，单方面的表扬我也不赞成。

不过，这次调查表明，作为提高个人表现的能量来源，积极性和工作意义彼此关联、彼此影响，不容忽视。

提高团队的整体表现

随着员工寿命延长，日本国内少子化、高龄化发展，再加上法律上限制员工长时间劳动，在这些状况下，想要“在更短的时间里取得更多成果”，只依靠能力水平高的人是很危险的，并且也是不够的。为了取得更多成果，有必要提高团队整体素质，而非仅凭一己之力。为此，我们需要清楚地认识到自己能做什么，根据职责需求做出正确行动。我们要努力争取团队中每位组员能最大限度发挥自己的能力，实现团队能力总和最大化。

收到别人的感谢，幸福指数上升，自然就会有好的表现。不仅如此，就连行动也会得到改善，这在前文中提到的某精密器械制造厂的实验中，同样得到了验证。向身边的人说声“谢谢”，并不需要投入什么，却有着丰厚的产出。

间接认可的威力

认可别人，可以直接传达，也可以间接传达。面对面直接传达固然令人欣喜，但从别人口中间接听到对自己的认可或许效果更好。

精英员工正是如此，他们并不直接告诉对方，而是会告诉他的朋友。

“某某身上有这样的优点。”

“某某帮了我大忙。”

“某某这样夸你来着……”

比起直接告诉对方，间接认可会花费更多的时间，却会慢慢显示出它的效果。

另外，把自己从别人那里听到的夸奖转述给对方，同样威力十足，请务必尝试一下。

日常用语 4

“赞成，继续加油”

发言次数多了 22%，发言时间少了 24%

本公司在 22 家客户公司中，累计收集了 7000 个小时以上的公司会议视频。目的是探究不同的会议带来的不同效果；什么因素会导致会议效果下降。另外，我们还对各个公司精英员工的言行进行了调查记录，两个调查交叉进行，通过 AI 分析得出，精英员工发言次数明显较多。

为了有所创新，首先我们需要不断发现、不断用语言表达的能力。有了新想法，还需要经过一个验证过程。因此，精英员工在想问题时，看重的不是质量，而是数量，他们会尽可能想出更多点子。精英员工不会啰里啰唆，一件事情重复说上好几遍。我们对精英员工的发言内容进行了录音，将录音还原成文字后发现，他们的发言字数比普通员工少了 27%，发言时间也少了 24%。他们的发言简单、直接。"Yes"还是"No"，会说得清楚明白，而不是绕弯弯，兜圈子。他们还善于运用数据支持自己的发言，逻辑清晰，让人心服口服。

当然，他们在说"No"时并不会显得咄咄逼人，而是把数据作为支撑材料，有条理地给出反对意见。当他们表达赞同时，则会在言行上都体现出来。"原来如此""不错""很棒"等附和比普通员工多出 17%。另外，他们还会通过舒展笑容、拍手鼓掌等行为表达对对方的认可。他们的发言更多的是要么双手赞同，要么条理清晰地否定。

我们使用网络摄像头、数码录音笔等对会议现场做了一系列记录，发现在表示赞同和认可时，5% 的精英员工通常会提高音量。特别是在给出肯定回答时，“好”“确实如此”“对”这 3 个关键词显得格外响亮。这些话里包含着他们的满腔热血。大声说出积极的话，会议过程中沉闷的空气也会一扫而光。

另外，在日本，公司开会时不少人会打盹儿，他们提高音量大声说话也是有意把正在打盹儿的人叫醒。通过进一步分析精英员工的声音特征，我们发现和普通员工相比，5% 的精英员工的音域普遍偏低，在音量上并没有太大区别，但格外明亮。这种音色特征符合“听起来悦耳”的条件，不会引起听众不快。

使用“让我们……”句型

和其他普通员工相比，精英员工另一个突出的特点是更多使用“大家一起……”“我们一起……”之类具有号召力量的句型。

精英员工明白，会议的最后如果没有做出决定，就不会产生任何成果。会议可以分为信息共享、行动决策、创意策划 3 种类型。在行动决策类型的会议中，如果不能最终做出决定，就不可能推动工作进展。即便不完美，即便存在风险，他们也会对下一步如何行动做出最终决策。如此提高员工士气，调动员工积极性，帮助大家更加主动地投入工作中。当然，精英员工也会积极帮助大家，所以很多时候，他们会一马当先，主动承担工作任务。另外，如果大家都不愿意做，精英员工就会率先提出分配工作任务。因为他们明白，在工作任务安排上反复斟酌实在效率低下，所以，他们会直接提议“这个工作小 A 擅长，小 A 来做”。

在会议的最后 5 分钟，行动决策至关重要。精英员工会使用“让我们……”这样的积极语言，作出行动决策，以此结束会议。

日常用语 5

“对，不过，我觉得我们还可以做得更好”

发言用“Yes”开头，用“Yes”结尾

这样在会议后，团队成员就会信心倍增、热情高涨。

精英员工明白，一旦冒出“没戏了”这个想法，真的就算是全盘结束了。

福特汽车公司的创始人亨利·福特曾经这样说过：“不管你觉得自己行还是不行，你都是对的。”如果没有这种信念，你不管怎样努力，都无法真正达成目标。他们不会为“做不到”找理由，而是只考虑怎么才能做到。因此，精英员工在会议等场合提出建议时，不会从“No”切入，而大多是以“Yes”开头。并且，为了给大家带来积极影响，他们也会用“Yes”来结束发言。因为大多数精英员工明白，会议的其中一个目的，就是提高会后参与者的士气。

在对话中多说一些“Yes”，对方也就很难马上反驳了。

通过这种心理话术，让对方心情愉悦地参与会话，提高双方的认可度、信赖感。即便探讨的话题非常严肃，也能产生好感。

用“Yes”开门见山

精英员工会主动思考怎样调动、说服对方。

他们也懂得如何让对方心情愉悦地倾听、理解、内化，然后自主采取行动。为此，他们会首先用“Yes”表示认可对方，让对方心情愉悦。其实人都是这样，不管在哪方面，只要被认可、受重视，就会觉得满足，就会提高积极性，进而提高业绩。员工离职或内部丑闻也会相应减少。

得到别人认可能促进业绩提高，这在我们公司的各种行动实验中也得到了充分证明。面对熟悉的队友，精英员工不仅会重新确认对方在做什么，还会主动询问对方是怎么做的，挖掘对方最大的闪亮点。另外，我们也发现他们会主动发现对方的优点，而不只是确认对方的工作进展状况。在这个基础上，他们才能知道如何扬长避短。并且，当精英员工发现可以借对方之所长补自己之所短时，他们会再次表达对对方的认可。

日常用语 6

“对，那我们就一起……吧！”

精英员工的用词简单易懂

在本次调查中，我们用数码录音笔等设备在一定时间段内对发言内容进行了录音。然后，用 AI 技术将录制的声音转换成文字分析。结果发现了一个非常有趣的现象——精英员工很少使用“转折句”。

这里所说的转折句，是指“但是”“不过”“所以”等句型。稍微感受下，也觉得这些话不怎么悦耳。像是在对某事做判断、下结论，又像是在给自己找理由、找托词，很有可能会引起对方的不快。例如，与其说“对不起”，不如说“真是太抱歉了”，后者显得更加悦耳一些。

可以说，这和我之前工作中经历的 500 次以上的道歉访问如出一辙。不使用转折词汇，句子就会显得比较柔和。“好像……吧”比“我认为……”听起来更加悦耳。“好像……不过……”比“虽然……但是……”听起来稍微能好一些。因为从上司的角度，很容易把转折句听成托词，引起反感。

所以，建议使用祈使句来代替转折句。诸如“是吗？”“这样的话……”“不过……”“打扰了”“了解了”等不会引起对方反感的表达方式。这些话也会安抚对方情绪。比如，不管身处公司内外，向别人道歉时使用转折句都会很容易让对方情绪变得高亢、敏感，因此还是谨慎使用为好。

替换禁忌词汇

对不起 ⟶ 真是太抱歉了

虽然……但是…… ⟶ 好像……不过……

……但是…… ⟶ 确实……不过……

第四章

精英员工习惯快速行动

行动 1

经常来回走动，而不是只待在座位上

为了积极参与而四处奔走

与普通员工相比，精英员工留在座位上的时间明显较少。他们离开座位大多时候是出于会议或谈话需要，除此以外，他们也会主动频繁离席，和其他公司的关键人物对话，和公司内部其他部门的相关人员谈话等。如今，不管是哪个领域，业务项目都变得复杂化了，仅靠一个部门往往解决不了问题。因为项目攻坚靠的不是一己之力，而是整个团队的彼此协作。有必要让持有不同观点的人在思想碰撞中找到新的解决方案，使用从没有过的全新方法解决难题。

精英员工的另一个特征是“连接点多”。

访问客户自不待言，他们还会在公司内部经常走动，主动和大家建立连接。另外，他们还会充分利用 Slack[1] 等社交工具，和不同部门、不同年龄段的员工进行除会议以外的其他“对话”。通过和大家建立连接，更加直接地传达自己的想法，增加合作伙伴，让更多的人参与到项目中去。越是复杂课题，越需要多样化的员工组合，如此才能持续不断地快速发现并解决问题。

多一些合作伙伴，就多了一种把工作委托给他人的可能。那

1 Slack 是一种整合了电子邮件、短信、Google、Twitter 等多种工具和服务的社交工具。——译者注

些没必要自己来做的业务，或是可以委托给他人的业务，就可以放心大胆地主动交给合作伙伴。“来回走动”有助于提高工作质量，减少作业量。

在这次调查中，我们还为精英员工和普通员工设置了步数测量仪器。当然，不同的公司、业务内容或工作形态，员工步数也各不相同。考虑到这一点，我们只对同一个公司同一种职位的不同员工进行了步数比较。结果发现，精英员工的步数比普通员工多了 14%。另外，我们还在办公桌旁设置了定点摄像头，测量他们留在座位上的办公时间，发现多半精英员工待在座位上的办公时间不足 20%。

创新发生在工作现场

在曾经的“物品消费”时代，创新发生在研究开发室或董事会议上。消费者通过公司名称、品牌、功能、价格选择购买哪种产品。因此，技术开发能力和成本减少往往是关键所在。而如今我们处在“故事消费”时代，创新发生在工作现场，而非研究开发室。要想对顾客、市场，甚至社会问题保持敏感，就必须和人接触。通过和不同观点或不同背景的人对话、交流来获取新鲜元素，这种情况很常见。

精英员工为了创新，自然会主动和很多其他部门的人打交道。所以，他们很少待在座位上，而是腾出更多时间和其他部门的优秀员工在一起。在遇到重大项目时，我们常常手足无措，不知道应该在什么时间寻求哪位达人的帮助。因此，能够把更多合作伙伴聚集在一起，互相借力，就成了顺利推动工作进程极为重要的条件。

先通过“Give”提高信任

精英员工并不需要额外增加工作时间，就可以提高业绩、增加好评、增加薪水。他们清楚地知道，要想增加薪水，建立信任关系异常重要。让对方行动起来，并不代表自己说服了对方，而是对方接受了自己。为了让对方接受自己，必须有说服对方的资格。对方会因为“既然他说了……”而认真听取建议。因此，只要能先建立起信任关系，剩下的只需考虑让对方接受的内容和表达方法即可。

为了建立良好的信任关系，重要的是首先要为对方做些什么（Give）。如此，遇到困难时，才会得到对方的帮助（Get）。正因如此，精英员工会尽力给别人提供帮助。这也符合“回报定律”中的心理效应：受人恩施，便会惦念着一定要投桃报李。不是单方面的请求，而是通过“Give & Get”，更加充满智慧地建立合作关系。在公司内，我们可以看到很多员工在面对自己擅长的工作时都会主动请缨。

行动迅速是精英员工的最大特征。要想提高生产力，与其停下来思考，不如“一边行动一边思考”，后者更加重要。当然，他们也会判断失误、遭到拒绝、经历失败。不过因为失败发生在初始阶段，所以他们能快速矫正修复，并把这些经验应用到下一次行动中，从而提高成功率。面试时也会经常遇到这个问题，很多人给出的回答是“正因为经历了失败，才有可能通向成功”，给人以有很强适应能力的印象。

这样说来，精英员工都是那些独立思考、快速行动的人。当接手工作或任务时，他们不只停留在按要求来做，还会居高临下对事物做一个整体把握。他们会反复问自己：“做这项工作的意义和本质是什么？”“为谁而做？”“会取得什么成果？”“为什么要这样做？”然后迅速转向行动。

如果你总是待在自己的座位上，或者总和同一部门的人打交道，那么，你就有必要向精英员工学习，稍微改变一下行动风格了。

行动 2

15 分钟内给出回信

反应迅速

面对来自公司外部的邮件或消息时，精英员工会快速响应。越让对方等待，越会推迟工作进程。另外，让对方等的时间太长，对方回信也会变晚。

相信读者朋友大都曾有过这样的经历，可以想象一下，到了星期五晚上，“只差最后一个电话或邮件就可以收工了，却左等右等总不见回信”。最后变得焦躁起来：“那个家伙，到底在干什么呢！”究其原因，有 60% 的情况是因为回复迟缓。

如果我们对请求或汇报及时给出回应，工作就能快速、有效推进。精英员工为了快速回应，还会在邮件发送方式上下功夫，特别是邮件字数。通过调查我们发现，精英员工发送的邮件特别简单。

通过 AI 分析我们了解到，实际上，邮件正文如果超过 150 字，就会降低对方读完全文的可能性。特别是职位较高的人，比起繁文缛节，他们更重视内容简单明了、行文简洁凝练。也就是说他们更加关注如何花最少的劳力，让对方行动起来。“炎炎夏日……”“上次谈话，非常愉快，受益匪浅……”，在精英员工的邮件里几乎看不到诸如此类的表述。在公司内部，也不会用“辛苦了”之类的字眼。

可以说，全球优秀人才都在积极实践“即时回信”。世界各国精英大抵如此。不管日程安排如何紧凑，他们大都会快速回信。全球投资专家，广泛活跃于投资银行、咨询公司等领域的金武贵[1]，作为超级繁忙的著名经济人、国会议员、商务精英，也说“自己正亲身实践快速回复邮件”。

至此，或许有人觉得这些粗略的叙述有点枯燥，要求也有些“无礼”，但正是因为这些超出了我们的想象，才隐藏着精英员工的秘诀。在日常工作中，他们和需要发送重要邮件的对方（上司或客户）联系密切，在邮件中甚至不说“辛苦了”，因为他们的关系不用这样客套。精英员工的邮件非常短小精悍，却不会给人留下冷漠印象。邮件正文短小，就会在短时间内沟通完毕，以此腾出更多时间来做其他工作。

并且，这样一来，对方也会快速回应，所有工作就可以快速运转。

不让对方等待

对精英员工的行动进行分析后发现，他们常挂在嘴边的有两句话。这两句日常用语可谓高效推进工作的“魔法”语言：“这会儿有空吗？”“这个做不到。”看似超级简单，却是能否完成工作的分水岭。

1 金武贵，日本著名经济人，投资专家、商业精英、作家。——译者注工作效率低的人，喜欢在长长的邮件中这样表达自己的想法：“关于这点，我想和您谈下，不知道下周四您能不能抽出 60 分钟时间……”不知道对方是否有空，这样一来还得让对方调整时间，并且，连自己也不确定是不是真的需要 60 分钟，又是要占用别人的时间，足足 60 分钟确实有些浪费。

精英员工也会珍惜对方的时间。需要和人谈话时，会先问对方“这会儿有空吗”，对方回应后，才会在有限的时间内尽量达成谈话目的。谈话过程中只说重点，这样双方都很愉悦。

而另一句——“这个做不到”也非常重要。

精英员工接受的都是能够做到的工作，因此，很多工作或谈话就会相应减少。如果照单全收，花费在自己真正要做的事情上的时间就会变少。明确了解自己能做什么，不能做什么，“做不到的”就说“做不到”，果断拒绝，形成习惯。

随着 AI 技术在工作中的进一步推进，我们需要明确自己哪些能做到，哪些做不到。明确了解自己“做不到”并果断拒绝的能力将会变得格外重要。在这一点上，我们需要进一步学习。

快速回信，可以提高双方工作效率，还会给对方留下自己擅长管理工作的好印象。精英员工面对麻烦事件，也能快速应对。麻烦刚发生时，及时反应非常重要，要尽快向上司汇报，探讨应对方案。因为他们明白，不管是汇报还是着手处理，都是越向后拖延，越需要花费更长的时间。

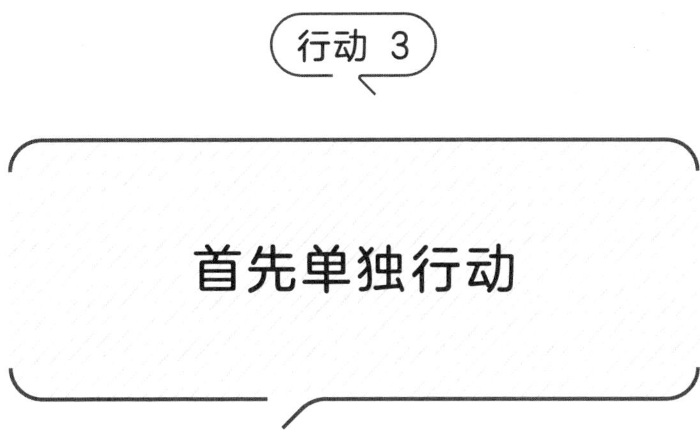

行动 3

首先单独行动

在问题恶化前，迅速采取行动

工作中避免不了会有麻烦。精英员工明白，在问题恶化前就要及时采取行动。比如，火灾初期，通过灭火处理可以防止火势蔓延。在刚冒出火苗时就开始灭火行动，更容易把火扑灭。因此，第一时间是否采取行动非常重要。

在某个重型机械厂，针对发生在公司和员工之间的麻烦事件，我们进行了访谈。通过随后的调查发现，对麻烦事件进行沟通处理的正是公司中的精英员工。她是这家重型机械厂的人事担当，需要处理各种突发情况。通过自己的判断，她需要和社会保险、劳务法人、企业内员工健康管理专职医生等各个领域的专家及劳动基准监督部门迅速取得联系，对员工进行妥善安排。我从工作改革咨询和道歉专家两个立场对她进行了援助。那些原本有可能发展为诉讼案件的事件，最终都得到了妥善处理，没有引发更大的问题。

之前，我曾作为品质责任人在微软工作了 3 年半。在职期间，曾有过 500 次以上的登门道歉经历。客户系统停止工作、发送了金额错误的账单，诸如此类的麻烦事件层出不穷。其中，最多的是云服务故障。由于数据中心等发生问题导致云服务停止运行，有数百家公司咨询过此类问题。这些服务故障，如果能在 1 小时之内进行处理，就可以把影响控制到最小。

我们需要迅速收集“有没有预案”“有没有替代方法”“还需要多长时间才能解决问题”等信息，及时反馈给客户。另外，还要完备通信设备，利用 SMS（短消息服务）等发送全部相关信息。

当然，引发问题的一方也存在准备不足的情况，有不少地方需要进一步反省和改善。通过处理 500 次以上的登门道歉，我认识到，问题出现后第一时间正确采取行动，可以把对客户和本公司造成的影响降到最低。

发生棘手事件时，刚开始就能很好地应对，从而不至于引发更大问题。

不过，如果刚开始采取了不恰当的应对方式，让双方情绪对立起来，就很有可能扩大事态，最后陷入无法挽回的境地。为此，向处理过相同问题的第三方咨询，是快速而正确采取行动、避免问题恶化的重点。如果是外部人员介入，则会产生费用。

但如果把公司内部相关人员集中起来反复开会讨论，则有可能让火苗升级为火焰。再加上有些人可能还会对邀请外部专家持反对意见，这时再去说服对方又得花费不少时间。在这期间，火焰继续升级，甚至还有可能演变为一场火灾。

正如上文中提到的案例，不管是公司内部人员还是邀请第三方介入，及时咨询有经验、有实际业绩的人，就可以在火苗状态时及时采取灭火行动。这得益于作为精英员工的人事负责人的果断英明。她向外部专家（第三方）购买了正确的处理方法和时间。当然，随意处理自己责任以外的工作内容有悖于上述执行精神。

不过，处理棘手事件时，自己酌情处理，果断做决定，能更快解决问题。精英员工在处理问题时，会有第二个预案。在上述情况中，她还联系了律师，一旦事态恶化，也可以迅速做好诉讼准备。

让对方有一定的空间

给予个人一定的自主权，让大家充分思考、主动采取行动，这样的团队，蕴藏着强大的力量。我们在为 605 家公司提供工作方法改革帮助时，其中有一家贸易公司会在我们提供咨询服务前，就把问题成功解决了。

这家公司希望我们为赢利方法改革助力，进一步增加公司效益，而不只是解决问题。公司负责人告诉我们，他们的工作改革推进顺利。我们深入调查时发现，他们重视员工的自主性，会给一线员工更多自由和责任。

这家公司员工的日常用语是“第一时间采取行动”。当然，并不是什么都不考虑就贸然采取行动，而是鼓励员工根据经验自行判断。

“当然，并不是所有事情都进展顺利”，不过，只要发生问题，团队都会立刻响应支援。这家公司的精英员工对此给出了以下解释。

“迟疑不定，就会错失良机。协商讨论会让问题进一步恶化，变得更加棘手。而如果行动策略植根于团队，大部分员工都会积极面对商业开发过程中遇到的新挑战。”

要想解决复杂课题，需要多种解决方案。这时，更好的做法是向各有所长的团队成员借力，追求创意点子的数量。如果情况十分紧急，需要快速处理，这时，需要的是个人执行力（行动力+结果）。可以说，创造力是重视多样性的团队之间的较量，而执行力则是重视速度的个人之间的较量。

团队领袖要做的是在二者之间保持平衡。

行动 4

喜欢尝试新鲜事物

习惯获取信息，但很容易“移情别恋”

精英员工对获取新信息有着强烈需求。他们好奇心旺盛，喜欢新鲜事物。

当然，新挑战中必定存在不足之处。不过，精英员工认为，只要优点大于缺点，就值得尝试。因此，面对自己还没有掌握的信息或技巧，他们会毫不犹豫地保持兴趣，热心学习。

精英员工会尽力磨炼更多技能。他们兴趣广泛，主动创造环境收集各种信息。比如，他们会事先设置好 Google 搜索引擎，持续关注关键词相关内容；或是习惯通过 NewsPicks[1] 了解专家意见。因为掌握了更加全面充分的信息，他们才可以游刃有余，接二连三地转移兴趣点。

不过，正因为他们常常在短时间内转移兴趣点，所以，很容易给人造成“见异思迁”“三天打鱼，两天晒网”的负面印象。精英员工中，78% 的人都由衷喜欢新鲜事物，在 1 年内更换新款手机的概率占了 61%，更换手机的频率是普通员工的 2 倍。因此，他们并不擅长一件物品使用很久，或者对一件事情进行深层挖掘。

精英员工喜欢变化和刺激，每天接收大量新信息。只要市场

1 NewsPicks，日本主流媒体之一。——译者注

上冒出什么新鲜事物，他们就会以惊人的速度冲上去。“真想尝一尝！”“我要预约抢购！”……一旦有这种想法，他们就会不辞辛劳，不惧时间紧迫，努力尝试。由此可知，只要树立明确目标，他们就不会在意有多辛苦，还会表现出超强的行动力和活力。

多数喜欢新鲜事物的精英员工都认为，“尝试新鲜事物”有着非凡的意义和价值。比如，有些物品，冷静分析起来确实没必要购买，但正因为它们是新产品，还是会忍不住把它们收入囊中。工作也是如此，只要目的明确，就不会浪费精力。当然，也会存在这种情况：过分在意个人隐私，导致目的和方法脱节；或者只追求获取新事物的一时快感，而不是为了更好地运用新事物。

星期五复盘

有这样一种说法：本周内没有完成或者半途中断的事情，往往能给人留下更加深刻的印象或记忆。这种现象叫作蔡格尼克记忆效应（Zeigarnik effect）。我们常在电视剧或广告中看到“更多详细内容，请网上搜索……”，这也是应用了这种记忆效应。

因为半途中断会产生心理压力，而任务完成获得的则是成就感。特别是那些在乎成败的人，就会努力通过改善取得成果，避免压力的产生。

精英员工会通过定期内省，进一步提高效率。他们通常把内省时间放在星期五下午。回顾一周工作内容，盘点成果和无用功，以便应用于下次活动中。为此，他们要提前把下周要做的改善工作记录下来，写在手账、软件上备忘。

多数普通员工意识到周末即将结束，从星期天傍晚就开始闷闷不乐起来。这是因为他们对即将要做的事感到困惑，不清楚前面会发生什么，被一种无形的不安包围。

精英员工为了对抗这种看不见的不安，会在星期五就开始明确下周工作内容，为调整行动方案提前做好准备。对于这些特别喜欢迎接新挑战的精英员工而言，星期五提前把需要改善的业务整理出来，会让他们对新的一周充满期待。不过，虽然提前整理，却并不着急立即去做。他们会把工作暂停在这个点上，从星期一开始再真正付诸行动。

这和“蔡格尼克记忆效应”如出一辙。星期一就能继续推进工作啦——如果我们满怀期待地进入周末，星期一就可以轻松愉悦地开启新的一周。

行动 5

把学到的内容很快应用到实践中

目标是改革学习方法

登山，首先要确定目标山顶。工作方法改革不能作为最终目标。因为，工作方法改革不是目的，而是手段。

工作方法改革的目标是实现公司成长和员工福祉齐头并进。另外，减少加班也只是手段，目的还是压缩作业时间，将时间重新分配在其他重要工作上。比如，开发新业务（赢利项目改革）和提升员工业务能力（学习方法改革），这些都可以提高公司效益。

多数企业都会在员工培训上倾注精力。不过，需要注意的是，培训的目的不是知识学习，而是学以致用。如果设置了错误的目标山顶，无论培训内容多么正确，都不能达成目的。因此，衡量一个集体培训成效如何，重要的是看大家有没有切实应用到行动当中，而不是大家的满意度。精心准备的优质培训内容，如果不应用到工作当中，就没有意义。

当然，对培训内容的满意度和行动意愿也会互相影响，互相联系。满意度越高，行动意愿就越强。不少员工会在第二天就把培训内容抛到九霄云外。因此，重要的是及时回忆所学内容，并寻找机会应用到工作实践中。即使培训内容满意度超过 90%，但实际应用到行动当中的却不足 10%，那么，培训就算是失败。

我们在客户公司中也做了相关调查，结果发现，即便是满意度超过 90% 的培训，第二天付诸行动的也不足 40%。

而在专门针对精英员工的调查中，我们发现有 78% 的人在 2 周内都会采取一些行动，把所学内容应用到工作实践中。要想让其他员工效仿精英员工的行动，就需要持续追踪员工培训后是否将内容切实应用到行动中，同时，还需要制定激励机制和绩效考核评价体系。

其中，8 家公司对员工进行了彻底追踪，结果，培训后采取相应行动的占了 70%。不仅如此，在之后的公司培训中，他们的参与度也有相应提高。

学以致用，行以致远。转变认识，还会进一步提高学习兴趣。掌握必要技能，为将来做准备，不仅有利于公司发展，也有助于个人成长，从这一点切入，就能促进赢利方法改革稳步前进。

培训，重要的是激发员工动力，自主自愿学习

这里，需要大家注意的是“自主选择权”的思考方式。“自愿按钮”隐藏在内部自发动机当中，因此，可以说兴趣是“自主自愿”的前提。在这个基础上，通过“自主决定”这个内因组合，而非外部要求，就可以启动“自愿按钮”，主动参加培训。

通过调查我们还发现，学习欲望高，自然会汲取更多知识，还能学以致用。另外，如果培训后个人满意度高，还会带来行动和表现方面的改变，有助于降低离职率。

那么，如何帮助员工行使“自主选择权”呢？公司可以通过调查问卷收集员工的想法，再把公司想要安排、员工想要学习的课程全部罗列出来，要求大家每年从中选择几个课程完成学习。如果课表里有自己想学的课程，就很容易做出选择。因为是自己行使“自主选择权”完成的，学习积极性自然就高。

其中一家贸易公司，在开展培训工作的过程中，重视员工的“自主选择权”，逐步完善课程列表，要求员工每年需完成 12 个研修课程学习。以前，参加培训课程的员工不足 50%，并且持续走低，随着课程列表的推进，主动参加培训的员工达 92% 以上。更加可喜的是，有 70% 以上的人愿意付诸行动，学以致用。3 年的时间里，离职率持续下降。

通过采取一些措施，变“要我学”为“我要学”，按照自己的想法选择学习内容，就会带来知识吸收和业务行动的变化。

成功推进工作方法改革的公司中，有 12.4% 都进行了学习方法的改革。

所谓学习方法改革，就是创造自主学习环境，而不是自上而下一味要求员工学习。如果把参加培训作为目标，就不会再有动力把所学内容付诸行动。让员工意识到口渴后，再把水端出来。设立这种培训机制，让管理者和员工共同推进学习方法改革，才是公司和员工未来的出路。

另外，也需要创造环境，把所学知识应用到实践中。比如，业务改革或新业务开发时，创造新知识应用机会，员工会更加积极踊跃地学习新技能。

公司也应该把“赢利项目改革”设定为努力目标。为了以后产生新的效益，必须认真规划需要哪些人才，需要多少人才。在这个基础上，再分析员工还有哪些方面需要进一步学习。从公司和个人两个角度进行分析，未来的职业生涯中还需要掌握哪些技能，而不是一味追求获取资格认证。这种学习方法改革也会赢得员工好评。

培训课程自主选择，参加的目的是提高自身价值，如此，学习欲望自然高涨。通过改革学习方法，推进工作方法改革，就会提高成功概率。只是单纯压缩工作时间，减少加班，67% 的员工对此持有反对态度。虽然嘴上应承“哎呀，真好”，但一段时间过后，就会一切照旧。

因此，我们可以得出结论，养成良好的时间观念，少做无用功，主动把精力投入重要的事情上，就能推进学习方法改革，进一步提升自身价值。

和看不见摸不着的夸赞相比，还是眼前挂个胡萝卜——树立明确目标，更容易使人前进。

行动 6
按时完成工作

下班前整理工作

一天的工作即将结束，精英员工会提前梳理第二天的日程安排。

“今天就把明天要做的工作梳理出来，提前完成工作任务。”“今天没有完成的工作量，星期四晚上要赶出来。”……他们会对照日历推进工作，还会时常回顾总结。精英员工中 75% 的人都会先确定第二天要做的工作后再下班。即便没有那么详细，也会对“明天必须完成多少任务”做到心中有数，第二天开始冲刺时可以轻松面对。

时常查看日程安排是否紧张，突然来新任务时才可以给出正确回复。这也会帮助员工合理安排日程。另外，精英员工还特别擅长使用软件管理工作任务，其中，65% 的人都在使用工作任务管理软件。通过调查 287 名员工，我们了解到，使用广泛的工作任务管理软件有以下 5 种：

Trello

Google Keep

Asana

Microsoft To Do

Todo Cloud

很多人还会使用搭载有 Groupware（群件）工作管理功能的软件。

接受工作任务时会事先模拟

当然，接受工作任务时，大家都会事先确认一下需要什么时候完成。除此以外，精英员工还会确认指派这一工作任务的上司或相关责任人的紧急状况。在这个基础上，他们把其他工作任务包含在内，按照截止日期顺序模拟工作进程，确定游刃有余后再和对方约定交付日期。

另外，接受工作任务时，他们还会如实交代自身情况。“最早 ×× 日，或者有可能是 ×× 日开始着手这项工作，可以吗？”“如果是 ×× 日后把资料给我，接下来的几天正好赶上节假日，我就只能从 ×× 日再开始着手这项工作。”……就像这样，提前和对方协商。

确认和修正都提前做

在对精英员工的调查中，我们发现很多管理者或人事负责人问的一个问题是“精英员工是怎么管理工作任务的”。

为此，我们征得精英员工许可，查看他们的电脑或手机屏幕，通过个案分析调查了他们的工作管理方法。通过和普通员工比较，我们发现精英员工对每个工作任务都会设置预计完成时间和关键点。

所有工作任务——不管是 15 分钟便可搞定，还是要花上一两天才能完成，或是把工作内容分解后，2 小时也可以告一段落——都会标上预计完成时间。除此以外，他们还会在实际工作安排中回顾检查是否确实按照预期完成了工作任务。

他们按照 PDCA 中检查（Check）和行动（Act）的时间点，提前认真规划工作。还会设定时间段用来回顾总结，分析工作任务完成时间是比预期早还是晚，为什么会出现这种情况，接受工作时是不是没有严格评估等。

在实际工作安排中，反省自己评估时间段里没有预想到的情况，如此反复，就会逐渐养成修正时间差的习惯。每天都把当天要做的工作和预计完成的时间提前设定好，下班前 10 分钟用来回顾总结。

不想取得成果的人，汇报情况也较为迟缓。与此相对，不遵守时间约定的人，在接受工作时，往往就存在评估时间不明确、目标模糊等问题。“肯定能按时完成”“虽然不确定，但还是想按时完成”……那些到了交付日期仍迟迟不能完成任务的人经常会这样说。

在这种状态下着手工作，即便中途遇到突发情况，也无法及时处理，只能任由其发展。面对突发情况既不处理也不汇报，待到事态进一步恶化，已经拖延了完成时间。如此这般，待到日期临近，按时完成任务的可能性为零，这时再说“对不起，好像不能按时完成任务”，就只能坐以待毙，连获得大家帮助的机会都没有了。

而遵守时间约定的精英员工，会在不能 100% 如期完成任务时，快速上报。如果感觉靠一己之力无法完成，他们还会寻求大家帮助，最终如约完成。精英员工会在组员陷入困境时，率先伸出援助之手，积极构建团队协作关系，因此，当自己面临危机时同样能够得到大家的帮助。

保持工作内容条理清晰

工作过程中免不了有突发情况，在问题出现时再慌张应对，成功概率就会下降，甚至直降为零。如果把这种非常情况作为工作常态，一旦出现问题，就很难从容应对。

打个比方，如果屋里堆满了垃圾，那么，再增加 1 个也察觉不出任何异样。要想垃圾为零，就需要时刻保持清洁状态。

工作管理也是如此。时刻保持 100% 如期完成状态，一旦出现问题，就能迅速察觉，及时上报。精英员工把 100% 如期完成状态作为工作常态，一旦出现任何问题，发现即将影响 100% 完成时，就会迅速将之作为非常情况，及时汇报。时刻牢记“如果不能保持 100% 工作进程，就不能如期完成任务”这个道理，通过定期检查和适时汇报规避风险。

养成守时的好习惯，同样适用于公司外部场合。

我在辞掉微软公司董事职位后的 3 年里，经常和公司外部的各方人士打交道，发现很多人都不守时。反过来，也就是说，你只要守时，便能赢得对方的信赖，从而争取到续签机会，这样的例子不胜枚举。而这正是因为有太多人做不到守时。

让我们一起学习精英员工的工作管理方法，努力提高自身的价值吧！

行动 7

及时做笔记

59% 的精英员工都有做笔记的习惯，会随时随地做笔记。

时刻保持获取更多知识的姿态，会通过做笔记这一行动表现出来。另外，精英员工也在通过笔记梳理信息。当新的工作任务横在眼前，头脑处在一片混沌状态时，很难整体把握项目全貌。他们会通过做笔记，梳理大脑信息，努力看清整个事态。如果通过笔记让工作内容可视化，就有可能进一步和大家共享。

另外，当写出来的内容展现在眼前时，还会有意外发现。你可能会察觉到说服对方的理由过长，或者存在理论错误等问题。和大家信息共享，寻找彼此之间的共同点和不同点，会产生新的想法。

本公司在 3 年里为 22 家公司开发了 19 项新业务，带来了 62 亿日元的新销售额。开发新业务时必然会集思广益，开展头脑风暴会议。在理解根本原因的基础上，大家用便笺纸写下解决方案。精英员工能在 2 分钟内写下超过 15 个想法。之后按照投资效果和实现可能性设定评价轴，从众多想法中选出可用作模型进行测试的最佳方案。结果发现，最后采用的方案，大多是之后追加的。

全体参会人员把想法贴在白板上，一边浏览一边整理，在这个过程中又会衍生出新的想法。“或许还可以更进一步……”“如果暂且不考虑这些……”，这样，想法层层叠加，一步步优化，最后被采用的可能性自然增大。

另外，精英员工有输入习惯，他们会把捕捉、收集到的信息通过再加工和编辑，以新的形式输出，发挥其价值。也就是说，他们会尽力站在更高角度俯瞰收集到的信息，继而把自己的想法表达出来。

这样形成良性循环，精英员工身上具备这种优秀品质。

有效利用笔记中的空白

手写笔记的好处是，在纸面的任何位置都可以自由书写。利用这个优势，精英员工大胆增加文档空白用来做笔记。空白增多，笔记也会很容易浏览。

我们查看了 8 位精英员工的笔记，发现他们会有意在左右位置留下更多空白，还会加大行间距，方便日后追加记录。

如果是手写笔记，为了不至于日后遗忘，有人还会用手机拍下图片或者录音保存。精英员工中很多人会把攒下的笔记最终搬到电脑中保存。数字化保存模拟方案信息，方便检索，以后还可以重新利用。

不过，不能把电脑操作当成工作目的。特别是 PPT，在幻灯片中滑动的文字和图案会夺取注意力，让人们无暇思考深层内容。

我们知道，人体右脑负责对图形、图画的处理，左脑负责思考如何让对方行动起来，如果左右脑同时开弓，就会引起混乱。特别是男性，和女性相比，他们并不擅长左右脑之间频繁切换，因此，建议大家另外设定时间，离开电脑，独立思考。

适用于电脑的笔记软件多种多样，但如果每次使用都很烦琐，渐渐就会弃之不用。像 OneNote[1] 一样功能齐全的软件不胜枚举，但如果不能一键开启笔记记录模式，就无法养成做笔记的好习惯。

1 OneNote 是一款主要用于收集、整理信息的笔记形式的软件。——编者注

第五章

今天就能轻松开始的工作小习惯

习惯 1

每天 5 分钟，收集信息

通过“普雷马克原理”培养习惯

分析精英员工的行为，会发现他们在培养一种习惯时，会首先考虑哪些措施可以帮助自己不会中途放弃这种行为。也就是说，他们考虑的不是怎样开始，而是如何持续下去。

这让我想起了“普雷马克原理”，即强化特定行为原理，由行为主义心理学家大卫·普雷马克为强化特定行为而提出。根据这一原理，把新行为配套搭配在习惯行为之前，更容易执行。比如，有人讨厌读书、喜欢游戏，就可以自行设定“读完书后再打游戏”的条件，增加读书时间。

或者工作时，“上班后先花 5 分钟时间把工作梳理一下，再开始查看邮件”等。如此，把经常做的，或者必须做的事情放在新习惯的后面，是践行这个原理的关键。只是简单调整了一下顺序，就能带来巨大的好处——“终于可以正常读书了”。

缩短输入和输出时差

精英员工会尽量缩短输入和输出时差。

目标明确，是缩短输出时差的首要输入方法。不管是读书、看 DVD，还是咨询别人，前提都是要有明确的目标——“我想从中获取哪些信息？”再加上输出明确，输入后就可以立即转身准备输出。

另外，“了解、学习了这些内容后，我能够具体做些什么”这一视角同样重要。人们都追求变化，会思考如何把以前做不到的变成现在能够做到的。因此，反问自己现在所做的一切是为了获得这种变化吗，这点至关重要。

高效输入法

精英员工会努力在有限的时间内高效获取信息和知识。

为此，输入时他们也会给自己设定时间。面对陌生领域和未知的项目业务，他们会从入门书或相关材料开始着手信息输入，直至涉猎专业领域报刊或专业书籍，短时间内以滚雪球的方式加速知识学习。

为了把输入时间和输入内容常规化，他们还会将其切实转化为自己生活的一部分。同时，他们也不会花费过多精力，输入超出必要范围的知识或信息。在输入信息的基础上，他们积极思考，努力做出成果、取得业绩（输出）。

调查结果显示，有时，精英员工是这样收集信息的。他们了解各种媒体的特点，不是简单地收集信息，而是会设置信息收集机制。

Google 搜索栏使用率高，还设定了英语搜索模式

选择阅读 NewsPicks，而不是各类新闻报纸

通过商业聊天接收新闻订阅

不仅阅读专业书籍，也阅读外文书籍

定期查阅专家报告

建议大家尝试设置适合自己的信息自动收集机制，而不只是一味盲目收集信息。

习惯 2

多找职场导师交流

和导师探讨

语言蕴含着强大的力量，是可以触动人心的。

深感压力或者苦恼时，语言的力量绝对伟大。我自己也会有很多苦恼的时候，虽然我会尽量避免太多苦恼累加在一起所带来的过度不安，但仍会存在很多不能解决的课题。

这时，给自己加油鼓劲儿，或者给出实际建议的，就是导师。这个层面的导师，不是上司，而是可以坦率探讨的前辈。我有 5 位导师。在我（任职微软品质责任人）满世界地前去道歉时，这些导师就曾多次帮助过我。

不过，和导师在一起并不是发发牢骚，倾诉不满，而是客观看待自己做了什么，现在是怎么想的，直率地表达出自己的想法。或许对方站在另一角度给出一点小小的建议或评价，就能帮助我们更加客观地看待自己，启动左脑，理性思考，让自己平静下来。

当然，我们从上司那里肯定也会得到支持和鼓励，但总觉得不方便直抒己见。与合适的导师探讨，能够帮助我们从困境中解放出来，让紧绷的心得到放松。

寻找导师，并不是要对方手把手教我们怎么做，而是要找对方探讨，寻求指导。不是找导师要答案，而是在我们寻求答案的过程中，在方法上让导师为我们指点一二。因此，我们必须对课题和疑问有所准备。导师不会给我们提供个人建议，我们也不能强求导师给出建议。

那么，我们应该提前做哪些准备呢？我们可以做的，是把输入过程中学到的知识和经验用语言表述出来。

精英员工中有70%的人在公司内外都有导师。调查发现，他们在和导师探讨前，会把要说的话充分准备好。这些珍惜自己时间的精英员工，也会尽量做到不浪费自己所尊重的导师的时间。那么，去找导师探讨需要准备哪方面的知识和思考呢？我认为，可以在已获取信息的基础上追问发生了什么问题，为什么会发生这种问题，把自己的调查和假设告诉导师，再从导师那里获取反馈。

在这种讨论中，捕捉各个要素信息点，再努力把点连成线，从而锻炼自己对未来走向做出预测的能力。如此，在由点到线、由线到面的过程中，停下脚步，分析未来走向，思考自己现在该如何行动。

首先，我们要把自己学到的（输入）用语言表达出来（输出）。然后，再从导师那里得到反馈：输出是否有理有据，表达是否条理清晰。通常情况下，导师都不是绩效考核相关人员，因此，我们可以推心置腹，无所不谈。不需要唯唯诺诺、缩手缩脚，也不需要小心翼翼地遣词造句。真诚面对导师，把自己了解到的坦率告诉对方吧。导师会客观给出指向明确的反馈意见，我们便能以此为参考，应用到目标输出中。

不过，导师并非神明，我们不能照单全收，而是要先自行消化，根据自己的价值观，判断这些建议是否有助于真正意义上的输出。

自主选择和自行决策是自主行动的源泉，也是提高幸福指数的有效方法。寻求导师帮助是通过探讨寻求解决方法，而不是寻求教导。自己分析、判断、尝试，这些都有助于激发内在动力，调动做事积极性。如果导师帮我们找到了“自愿按钮”，就相当于告诉了我们开启“自愿按钮”的方法。

虽说我们和导师之间并不存在利害关系，但导师是为了我们的事情挤出自己宝贵的时间，因此，待取得真正意义上的成果后，请一定记得和你的导师分享。

另外，如果导师给出的建议在我们成功输出上帮了大忙，那么，我们还要向导师表达感谢。要通过和导师维持互相信赖、彼此感恩的关系，促进双方共同成长。

如何寻找导师

寻找导师，首先，可以试着在公司内部拜托你认为可能会答应的人。如果是同事，只要说出“想和你聊一下”“一起吃午饭吧，顺便和你商量个事”之类的话，很少会有人拒绝。

另外，也可以不找正式导师，而是选择一位工作上的榜样人物或者师父作为自己的引路人，认真观察模仿，也不失为一条通向个人成长的捷径。

通常情况下，我们都是选择人生经验比自己更丰富的前辈作为导师，不过，也有人会刻意选择年轻人作为自己的导师（反向互补）。二三十岁的年轻人对流行更敏感，更容易吸收新思想、新信息，看待问题的视角也更加多元。年轻人能敏锐捕捉到市场环境的变化，这些有助于信息收集。我在大学教课，一方面也是为了和年轻人有更多的思想碰撞。

面对日新月异的变化，建议大家改变固有思维模式，从以前的“忍耐”切换成“有效管理情绪和压力，以及由情绪和压力带来的负面影响”。这样看来，把平时的情绪一吐为快，和能够给自己今后道路提供建设性意见的导师建立联系，是个有效做法。

习惯 3

拓展人脉

采取有效办法，预防思考停滞

什么都不考虑、按部就班、思考停滞，这是精英员工最担心的事情。比如，在一家大型公司上班，平时工作全部按照公司内部流程，就有可能和社会脱节。

精英员工的目标是提高自身在公司内外的价值，他们认为正确的做法是敏锐捕捉社会动态，并根据变化调整自己的思考和行动，而不是被公司内部庞大而完善的流程体系束缚住手脚。

时刻关注外面的世界，就意味着需要自己主动吸取外面世界的信息。另外，和关注外面世界的人聊天也是个不错的办法。这样，让自己的目光不仅局限于公司这块领域，而是放眼世界，捕捉社会动态，尽量防止陷入思考停滞状态。

安排时间，建立人脉

人们在行动前，都会先综合衡量时机、动机和能力 3 个要素。

精英员工最讨厌的事情，就是刚开始迟迟不采取行动，等回过神来时已经成了热水中的青蛙。因此，他们会主动面向社会寻找时机和动机。能力，不仅表现为头脑聪明，还包括懂得合理运用时间。事先在公司外部收集信息、拓展人脉，捕捉时机和动机，然后再回归到公司，审视公司内部目标，去芜存菁，安排时间，采取行动。

在公司外部建立人脉

不管是职场人士，还是自由职业者，都需要与更多的人共同合作、彼此支持。实际上，我自己在刚刚建立公司时，之所以能够顺利开展业务，靠的也都是以前的同事，在研讨会、学习会、演讲上产生过共鸣的人，或是通过朋友引荐得以相识的陌生人。

这种人脉，绝不是 Twitter 点赞、Facebook 朋友圈、互换名片所能比拟的。他们大都心灵相通、观点一致；有梦想、有追求，能够推心置腹深入沟通。没有阶层差别，也无关上下级，彼此之间可以平等对话，在理想和认识达成一致时，还可以无须考虑利益得失，互相合作、互相补充。

如果能在实际工作中建立合作关系，共同体验“目标达成”的成就感，这种联系就会更加坚固紧密。积极主动和他人建立联系，在经历离职或自己创业等较大转折时，这些人也有可能成为人生道路上互相支持、彼此鼓励的朋友。

特别是退休后，大家都有可能面临边缘化风险，所以，我们也可以带着这样的想法建立人脉：“60 岁后，我们可以和多少人继续保持联系？”

那么，又该如何建立人脉呢？我们分为以下 5 个步骤逐一说明。

① 认识新人
② 提供帮助
③ 增进信任
④ 建立工作关系
⑤ 熟人介绍

首先，为了扩大人脉，我们要积极创造认识新人的机会。尽量和有着不同背景的人建立联系。

与不同业务领域或有着不同经历背景的人建立联系，会扩大人脉。当然，同一业务领域或有着共同朋友的人在一起相处，可能会相对轻松，没什么精神压力，但这样的话，自己的人脉也会局限在狭小世界里，思维固化、信息封闭，很难有创新（新连接）。因此，鼓励大家多参加一些学习研讨会，拿出勇气主动和人建立联系。举个例子，如果将来想成为游走于自由职业和职场之间的两栖人士，那么，就可以去听听自由职业者的演讲。演讲会上有这种想法的人应该不在少数，除了演讲者，我们还可以积极主动和参加者谈话。

其次，要向建立起联系的人提供帮助。倾听对方的课题或烦恼，表达支持对方的想法，并愿意无私提供哪怕一丁点儿的帮助。在这个阶段，彼此还没有建立紧密联系，因此，不用过于深入，也不需要花费太多时间。只需要分享一点信息或见解，逐渐拉近距离。

东亚社会知恩图报的意识根深蒂固，只要受人恩施，就会惦念着一定要投桃报李。地下商场的试吃就是一种巧妙利用了回报定律的促销行为。

这种无偿的帮助，会增进对方对自己的信任。同时通过见面或 SNS[1] 等社交工具继续保持联系，增加好感、提升信任。也可以通过 SNS 等发布有含金量的信息，树立权威形象。

信任度得到提高，就可以进一步建立工作关系。通过一起合作，了解、认可彼此的能力，共同体验目标完成后的成就感，进一步加深关系。

当关系加深到可以一起合作的程度时，就可以和对方介绍的朋友见面了。熟人介绍能有效扩大人脉。当然，和别人分享的必须是优质人脉。

建立共情体系

有的客户公司还会通过人事制度和 IT 技术来促进公司内部人脉关系的建立。这就是“感谢信”制度。

1 SNS：Social Network Services，即社会性网络服务，专指社交网络服务，包括社交软件和社交网站。——编者注具体是指，当援助超出了自身职务范围时，接受援助的一方要给援助方发送“感谢信”。感谢信不仅要发给本人，还要发给直属上司，这样一来，公司也能知道你收到了别人的感谢。如果收到的感谢信增多，还会受到公司表彰，成为公司 360 度绩效评价时的重要参考。有了这种认可体系，就会形成互助互爱的企业文化。

另外，有的公司还会采取“挑战硬币”制度。具体内容是，当你为了公司和个人成长，鼓足勇气迎接新挑战时，就会收到来自“粉丝”的玩具硬币。如果 1 年之内收到了 30 枚硬币，你就可以把硬币转送到其他部门迎接新挑战的人的手里。让我们通过这些连接点来努力增加真诚反馈的朋友吧。

习惯 4

每周 15 分钟内省

内省有助于建立自信

精英员工认为有必要进行“内省”。在生活中，需要给自己留出独处时间，审视自己的行为，察验自己哪些能做到，哪些做不到。很多精英员工不仅是想一想，还会写下来。这样，就能够客观检验“为什么做出这样的判断，为什么会带来这种结果，接下来应该怎么做”。

精英员工即便获得成功，也会自我反省。简单以成功或失败告终，不总结任何经验教训，就永远不会建立自信。

精英员工通过内省，形成自己的判断标准，当确信“这种考虑方式是正确的”，自信也会油然而生。如此，通过定期反复“内省”，就可以形成属于自己的价值观和判断标准，也就可以有力提出自己的建议和主张了。

闭关 + 内省

养成内省习惯，持续回顾过往经验教训，就有可能萌生新的想法。抓取以前没有意识到的工作方法和技巧，改善工作，提高效率。

另外，有的公司还会实行集体反省团队工作制度。我们了解到这家贸易公司就是 1 个季度 1 次，集体切换成闭关状态，通过“户外团建、共同吃住”的方式进行内省，回顾最近 3 个月的工作情况，总结经验教训，并将其应用在接下来 3 个月的工作中。

通过引入“闭关＋内省”的方式，公司整体业务得到改善，员工作业时间平均减少了 9%。另外，参加“闭关合宿”还能增强成员之间的伙伴意识，降低心理防线，轻松相处。这家公司后来还引入了远程办公制度，有效促进了商业稳步成长。

每周 15 分钟内省，整个世界就会发生改变

精英员工有回顾、梳理、总结的习惯。他们会至少每 2 周 1 次，对自己的工作内容和结果进行回顾总结，整体次数是普通员工的 9 倍之多。

只需花费 15 分钟，我们就能从内省过程中学到经验教训，以便应用到下次活动当中。特别是公司内部会议、资料整理、信息处理这三大块业务，占用大量工作时间，如果不对这些业务进行回顾总结，就不知道自己哪些做得好，哪些还需要继续改进。哪些做得不好？失败的原因是什么？怎样才能在最短时间内取得成果？……我们必须经常反思，并及时做出调整，才有可能得到进一步改善。

16 万人通过内省，减少了 8% 的作业时间

Hyperfoma 把本公司正在践行的回顾总结内省习惯，推广到了 28 家客户公司的 16 万人。1 周设定 15 分钟的“内省时间”，在这个时间段里暂停所有的工作和会议。你可以抽根烟，也可以喝杯咖啡，但必须对自己的工作做一个充分的回顾和梳理。

刚开始还有员工存在抵触心理，在持续了两三次后，他们发现这个办法竟然出乎意料的好用。

这就是行为变化模式。只需尝试一下，就会意外地发现确实有效。认真对待每一次改善，就会逐渐形成自己的习惯。

实际上也确实如此，通过内省、修正，会议或资料制作的时间就会减少。那些没有任何成果的会议、超出必要需求的资料就可以得到精简。在实施了 2 个月后，每位员工平均都减少了 8% 以上的作业时间。

促进一对一内省

还有 6 家客户公司，他们实施的是上司和下属定期一对一谈话的内省办法。这是私人谈话，每 2～4 周进行 1 次，用来确认业务进度，倾听日常工作中的烦恼。在一对一谈话过程中，上司倾听下属的真正想法至关重要。

在此，想给管理层人员一条忠告：自己推心置腹，才能换来

对方的真心相待。

不只是单方面询问，而是首先率直地表达自己的想法，缩短和下属之间的距离后，再倾听对方的心声。倾听时的姿势、表情也很重要。如果皱着眉头，胳膊交叉抱在胸前，对方就很难吐露心声。特别是年长的男性员工，普通的表情在别人看来或许也像是在发怒。如果对方认为你在生气，那么，谈话就很难顺利进行下去，对方很难再积极发言。

通过一对一谈话，促进 PDCA 循环

通过有针对性地了解进度报告，上司能很好地把握业务情况，也能给下属提供具体建议。在这个过程中，重要的是 PDCA 循环运转。通过 Plan（计划）、Do（执行）、Check（检查）和 Act（行动）循环运转，提高工作管理的精准度。这样，周期汇报不仅可以促进下属 PDCA 循环运转，还有利于帮助上司给下属提供启发性建议。

通过一对一定期回顾总结谈话，下属也会为自己打上一连串问号："怎么会是这样的结果？原因何在？下次怎样才能做得更好？"在这个过程中，我们会发现同一个原因有可能会出现好几次。

或许，用不了多长时间，你就能迅速找到症结所在。对每种事务都进行结果分析，自己找到问题的根源。如此，下属也会养成"思考"的习惯，遇到问题也可以独立解决。

习惯 5

避免重复操作的 IT 技巧

无法度量，就无法管理

“3 天前，你吃的什么午饭？”面对这个问题，能迅速给出回答的员工只有 20%。健康饮食或节约开支的人能给出回答。如果是为了健身，肯定也能回答出来。

为什么？因为他们有各自的目标，会留下相关记录。比如严格控制体重的人，他们有的不食用碳水化合物，有的会用手机拍照，记录下自己都吃了些什么。或许是出于恐惧——发胖实在太可怕了，或是考虑到好处——瘦身有利于竞技运动，总之，他们会把自己吃了些什么有意记录下来。

对于管理，被称为“管理学之父”的经济学家彼得·德鲁克和美国软件技术分析师汤姆·狄马克都曾这样说过：“问题可视化、量化，才能进行管理。”了解饮食卡路里，能更好地制订战略计划：应该减少多少卡路里摄取，应该通过运动消耗多少卡路里。

这和工作时间“瘦身”是一样的。花了多长时间，做了多少工作，通过可视化展示，定量监测，才能了解哪些业务需要精简，怎样精简。不管是用手机、电脑或是手账，都需要用数据来了解、管理自己做了哪些工作，做了多少，怎么取得的成果，哪些业务还可以精简。

熟练使用快捷键

作业可视化后，电脑操作问题也会浮现出来。如果使用松下公司开发的“工作圆规”服务，我们在哪些软件上花费了多长时间就可以一目了然，从而了解电脑操作方面需要“瘦身”的是那些“重复性作业”。频度高的作业可以设置自动化管理或者使用快捷键。

精英员工很擅长使用键盘快捷方式。

使用快捷键虽然每个动作只能缩短三四秒，但高频快捷方式一天下来也会反复使用十多次。累积起来也会产生明显的作业时间差。双手不用在键盘和鼠标之间来回切换，文字编辑时就能更加高效。

大家都知道，输入法模式是“平假名”状态时，按下“Space”键，就会插入一个全角空格。那么，半角状态下呢？按下“半角 / 全角切换”键，再按下“Space”键，再次按下“半角 / 全角切换”键返回全角状态，虽然通过这 3 个步骤也可以成功插入半角空格，但如果使用快捷键，只需要按下“Shift”+“Space”键，简简单单 1 个步骤就可以轻松搞定。

这样操作，不需要切换输入法模式就能插入半角空格，也不需要返回全角模式。精英员工中有 45% 的人知道这个方法，而普通员工中只有 7% 的人了解。

“Windows” + V 快捷键可以选择浏览复制历史记录

另外，可以缩短作业时间的还有“复制”和“粘贴”。

相信使用 Windows 系统的大多数人都知道“Ctrl” + C 是复制快捷键，“Ctrl” + V 是粘贴快捷键。这次想给大家隆重推荐的是“Windows” + V 快捷键，这是 2018 年 10 月 10 日 Windows10 更新版本中的“剪切板历史记录”功能。

比如，在 Word 等文档中先复制了“越川”，又复制了“慎司”，以前，在剪切板里只显示刚刚复制过的“慎司”，只能重复粘贴“慎司”二字。而更新后的剪切板可以显示 25 条“历史记录”，我们可以根据自己的需要选择过去的复制或剪切内容进行粘贴。这种方法比原来重复“复制＋粘贴”明显提高了效率。

如果使用“Windows” + V 快捷键，“剪切板历史记录”没有运作，也可以通过页面设置开启这个功能。打开“开始”菜单，单击“设置”图标，开启“Windows 设置”窗口，单击“系统”图标。打开“系统”页面后，选择“剪切板”。只需要单击“剪切板历史记录”打开按钮就可以启动这个功能，使用“Windows” + V 快捷键了。

把常用信息内容固定在面板上，这条信息内容就会始终出现在历史记录中。制作资料时把常用词汇或固定句型复制到剪切板，并固定在面板上，使用起来非常方便。

2019 年 7 月至 9 月，我们对约 4500 名员工进行了 PPT 资料制作行动实验。通过对参加者的调查，收集了 Windows 系统下最有助于缩短作业时间的快捷键使用方式。排名前十的如下所示，请参考。

排名前十的提高工作效率的快捷键

第1名　插入文本框　Alt + N、X

第2名　插入图形　Alt + N、S、H

第3名　撤销上一个操作　Ctrl + Z

第4名　重复上一个操作　Ctrl + Y

第5名　添加新幻灯片　Ctrl + M

第6名　插入图片　Alt + N、P

第7名　对设置好的内容批量化作业　Ctrl + G

第8名　变更文本字体大小　Alt + H、F、Sv

第9名　复制幻灯片中的文本框或图表　Ctrl + D

第10名　对选定内容或图表进行复制　Ctrl + C

习惯 6

利用午饭时间和“外界”人员建立人脉

不单独吃午饭

职场人际关系会对工作顺利开展产生一定影响，因此，要是身边还有人只是面熟，却没怎么说过话，就可以通过共进午餐，积极利用午休时间建立人脉。

和公司内部不同特质的同事一起吃午饭，努力尝试打开对方的心扉。当然，和关系良好、相互理解、彼此包容的人一起轻轻松松吃午饭也是个不错的选择，但为了培养应对变化和影响他人的能力，还是要有意和存在巨大差异的同事共进午餐，增进彼此的了解。如果单独约谈或共进晚餐，对方可能会因为拘谨而拒绝邀请，但如果是一起简单吃个午饭，难度系数会大幅下降。如果就在公司餐厅，难度系数会进一步下降。你可以试试看。

心理学把打开心扉叫作“自我表露”。真诚面对，很多时候也会换来对方的推心置腹。

我们每个人都有着不同的成长环境和学习经历，大家的想法不可能完全一致。但是，和共处同一片时空、有着不同特质的同事哪怕存在一丁点儿的心灵相通，在共同努力下，复杂难题就有可能迎刃而解。强烈建议读者朋友积极挑战建立异质人际关系，并留意观察自己会有什么变化。

看似不会有什么交集的两个人，一起吃午饭同样很有意义。

虽然身处不同部门，但闲聊的信息也可能会成为你的及时雨。

某食品公司，在本公司开展的精英员工调查结果基础上，实行了“Close Lunch”（近距离午餐）制度。要求员工每月 1 次，和不同部门的同事一起吃饭。实施“Close Lunch”的部分费用由公司承担。通过公司制度促进部门之间建立连接点，扩展公司内部人脉，全体员工工作价值提升了 9%，以“Close Lunch”为起点建立的项目组连续 2 年获得了总经理的表彰。

“建立商业人脉”，没必要就得聊些商业内容。如果彼此还没有卸下心理防备，可以先从和商业无关的闲谈入手。

想和有着不同背景的人推心置腹，首先要寻找彼此的共通之处。有共同的爱好和兴趣，这个可能性非常低，因此，还是建议大家先聊些去过的地方、喜欢的食物等。如果你们是老乡，或者出差、旅行去过同一个地方，就可以以此打开话题。还可以讨论喜欢的食物，这个话题不会引起任何人的不快。如果彼此喜欢的食物一样，会聊得更加投机。

重视建立公司外部人脉

比如，某咨询公司的精英员工，再忙也不会忘了和公司外部人员积极交流。原因有以下两点：

1. 咨询业务需要了解各种领域的知识和信息。
2. 增加获得更多信息的机会，进一步拓展自己的职业版图。

对于商业人士来说，人脉至关重要。这是常识，大多数精英员工都会把自己累积的丰富经历，同样应用到公司外部人脉关系的建立上。

突然让我们拓展公司外部人脉，可能大家都会有些不知所措，我们可以先来检查一下迄今为止我们有哪些人脉。

从小学、中学同学和前辈、后辈开始梳理，你会发现，自己竟然认识了那么多人。再回忆一下从高中、大学、参加工作一直到现在，应该会有几千人的规模。接着，再想一想如果是朋友介绍朋友的形式，你可以拓展多少网状人脉！1 个月 1 次，一起吃个午饭，一点点扩大朋友圈，其实并不难。

后　记

工作方法改革的呼声已经持续了 4 年之久。虽然有大约 80% 的公司都多多少少进行了工作方法改革，但回答“改革成功”的只有区区 12%。并且，超过一半的公司，或是压缩员工加班时间，或是强制员工带薪休假，总之，工作方法改革的目标还停留在减少工作时间上。对此，64% 的员工持消极态度，积极性下降。

如今，我们的目标应该是“公司赢利方法改革”和“个人加薪方法改革”，而不是工作方法改革。

减少工作时间，把腾出来的时间用在新事业开发和技能提升方面，提高应对变化的能力。以个人形式践行这一成功模式的就是精英员工。他们在公司内部有很高的评价，自由、有担当，能够做自己想做的事情。当然，他们也会感受到工作的意义所在。在较短的时间内取得更多成果，提高市场价值，报酬自然也会提高。精英员工不会因为压缩加班时间而满腹牢骚、浪费精力，他们会全身心投入到达成目标、取得成果上。

通过这些努力，不管是日后晋升、兼职、创业，还是跳槽，总之，他们会有多种选择和无限可能。

幸福，其实始于自己拥有“自主选择权”的时刻。

24 年前，我曾在国内大型通信公司任职，隶属于人事部行政部门。那时，很多公司的产品和服务都很强大，老老实实按照需求供给的员工就会得到好评。

顶头上司可以决定员工的“生死大权”。

结果，讨上司喜欢的就会获得好评，不讨上司喜欢的就会获得差评，这种现象比比皆是。

和以前相比，现在的人事评价制度已经发生变化。

上司个人评价作为绝对评价的时代已经过去。除上司以外，管理层 360 度全方位评价的公司日益增多。每位员工都拥有更多完成定量目标的机会，只靠上司宠爱并不能获得好评。

我对这次的调查结果并不感到意外。我理解他们的工作表现，同时，也愿意和他们一起合作。

通过这次调查，我们不仅了解了哪些职场人士最有魅力，也明白了他们的魅力源自“态度”“决心”“行动”。

提到成果，大家都很容易第一个想到执行力，但这次，我们又重新认识到态度、决心等“软实力”同样重要。

在这次调查中，我们得到了客户公司的大力协助。在繁忙的工作中，还要装上配合调查的录音笔、网络摄像头等妨碍集中精力的设备。尽管如此，他们仍然鼎力协助，分享他们取得成果的正确行动方式，热心帮助公司人事部门避免做无用功。

我们通过亚马逊、微软、IBM、谷歌的人工智能系统，对本次调查收集的庞大数据进行分析整理。取各客户公司之所长，挖掘不易察觉的深层原因。之所以能在短时间内对庞大数据做出分析，也是因为高科技的投入和使用。

《现代商业》总编辑阪上先生第一个对精英员工的调查分析进行了报道，后来，本书的初稿还得到了

President 出版社村上先生的协助策划。可以说本书就是一部创新的集合体。

借这个机会，还想对 Discover 出版社编辑部的全体成员表示真诚感谢。你们在新冠肺炎肆虐全球的压力下，仍然继续编辑工作，真的非常不易。

最后，想对那些被蒙在鼓里配合我们调查工作的精英员工表示感谢。

在整个调查过程中，他们对“自己就是那被选出来的 5% 的精英员工”并不知情，在这种情况下还要尽力配合我们的调查工作，确实让他们为难了。但我想说的是，这次调查让我受益匪浅。

他们的简单习惯，改变了我的行动。亲爱的读者朋友，相信你们也能有所收获。

从明天起，选择一个，试一下吧!

尝试一段时间后，再回过头来，检查一下是否真的特别好用，哪些地方好用，通过这些挑战，提高应对变化的能力，促进个人加薪方法改革。

改变固有的思想观念，或许要等上 5 年，甚至 10

年，我们可以从改变一点点行动开始，这样，在不远的将来，我们也会有更多选择、更多机会。

这就是阅读本书的目的，不是为了知道，而是为了行动。

越川慎司

马上扫二维码，关注**“熊猫君”**

和千万读者一起成长吧！